U0603440

**基础教育
国际比较研究丛书**

Series of
International and
Comparative Studies on
Basic Education

顾明远 主编

法国基础教育

教材建设

教育部哲学社会科学重大课题（18JZD017）攻关项目成果

The Construction of
Basic Education Textbooks
in France

刘 敏 姚苇依 周 政

 著

上海教育出版社
SHANGHAI EDUCATIONAL
PUBLISHING HOUSE

图书在版编目（CIP）数据

法国基础教育教材建设 / 刘敏，姚苇依，周政著.
— 上海:上海教育出版社, 2020.10
（基础教育国际比较研究丛书 / 顾明远主编）
ISBN 978-7-5720-0292-2

Ⅰ.①法… Ⅱ.①刘… ②姚… ③周… Ⅲ.①基础
教育 - 教材 - 研究 - 法国 Ⅳ.①G632.3

中国版本图书馆CIP数据核字(2020)第182403号

策　　划　袁　彬　董　洪
责任编辑　李　祥　徐青莲
书籍设计　陆　弦　周　吉

基础教育国际比较研究丛书
顾明远　主编
法国基础教育教材建设
刘　敏　姚苇依　周　政　著

出版发行　上海教育出版社有限公司
官　　网　www.seph.com.cn
地　　址　上海市永福路123号
邮　　编　200031
印　　刷　上海展强印刷有限公司
开　　本　640×965　1/16　印张 17.5　插页 3
字　　数　210 千字
版　　次　2020年11月第1版
印　　次　2020年11月第1次印刷
书　　号　ISBN 978-7-5720-0292-2/G·0216
定　　价　68.00 元

如发现质量问题，读者可向本社调换　电话：021-64377165

总　序

　　2020年注定是人类历史上不平凡的一年，新冠疫情的爆发改变了世界发展的基本格局。一些国家保守主义、单边主义抬头，逆全球化思维盛行；但更多国家和国际组织呼吁全球应加强合作，共同抗击疫情并抵制疫情给世界各国社会、经济、教育等不同领域带来的不良影响。受疫情的影响，不少国家因通信基础设施薄弱已出现了学习危机，加之疫情影响导致的经济危机势必影响很多国家的教育投入，进而加剧教育不平等的现象。此外，疫情期间不少国家不断爆出的种族歧视、隔阂言论和行为，给世界和平和发展带来了潜在的风险。为此，2020年联合国教科文组织"教育的未来"倡议国际委员会发布了《新冠肺炎疫情后世界的教育：公共行动的九个思路》（Education in A Post-COVID World：Nine Ideas for Public Action），特别强调要加大教育投入，保障公共教育经费，同时呼吁"全球团结一心，化解不平等。新冠肺炎疫情解释了权力不均和全球发展不平等问题。各方应重新倡导国际合作，维护多边主义，以同理心和对人性的共同理解为核心，促进国际合作和全球团结"。[1]

　　事实上，全球教育发展面临的挑战远非如此。回

---

[1] International Commission on the Futures of Education, UNESCO. Education in A Post-COVID World：Nine Ideas for Public Action［R/OL］.［2020-06-24］https://unesdoc.unesco.org/ark：/48223/pf0000373717/PDF/373717eng.pdf.multi.

顾人类社会进入21世纪以来，经济的快速发展和科技的日益进步的确给教育的发展带来了很大的变化，"经济增长和创造财富降低了全球贫穷率，但世界各地的社会内部以及不同社会之间，脆弱性、不平等、排斥和暴力却有增无减。不可持续的经济生产和消费模式导致全球气候变暖、环境恶化和自然灾害频发……技术发展增进了人们之间的相互关联，为彼此交流、合作与团结开辟出了新的渠道，但我们也发现，文化和宗教不宽容、基于身份的政治鼓动和冲突日益增多"。[1]这些全球可持续发展的危机已然给世界各国的教育提出了巨大的挑战。为此，联合国教科文组织特别重申了人文主义的方法，强调："再没有比教育更加强大的变革力量，教育促进人权和尊严，消除贫穷，强化可持续性，为所有人建设更美好的未来，教育以权利平等和社会正义、尊重文化多样性、国际团结和分担责任为基础，所有这些都是人性的基本共同点。"[2]

对此，中国政府一直高度赞同并积极行动，响应国际社会的号召。我们以习近平总书记提出的"人类命运共同体"和"文化交流互鉴"的思想为指导，坚持教育对外开放，积极地开展各项国际教育交流与合作活动。日前，《教育部等八部门关于加快和扩大新时代教育对外开放的意见》也明确指出，要"坚持教育对外开放不动摇，主动加强同世界各国的互鉴、互容、互通，形成更全方位、更宽领域、更多层次、更加主动的教育对外开放局面"。[3]为此，我们需要更加深入地研究各国教育改革的最新动向，把握世界教育发展的基本趋势。

北京师范大学国际与比较教育研究院作为教育部普通高等学校人文社会科学重点研究基地，始终围绕着世界和我国教育改革与发展的

---

[1] 联合国教育、科学及文化组织.反思教育：向"全球共同利益"的理念转变 [M].巴黎：联合国教科文组织，2015：9.

[2] 同上：4.

[3] 教育部.教育部等八部门全面部署加快和扩大新时代教育对外开放 [R/OL].（2020-06-18）[2020-06-24]. https://www.xuexi.cn/lgpage/detail/index.html?id=12928850217812069436&amp；item_id=12928850217812069436.

重大理论、政策和实践前沿问题开展深入研究。此次组织出版的"基础教育国际比较研究丛书"共10本，既有国别的研究，涉及英国、美国、法国、加拿大等不同的国家，也有专题的研究，如基础教育质量问题、英才教育等。这些研究均是我院教师和博士生近年来的研究成果，希望能帮助从事基础教育工作的教育决策者和实践者开拓视野，较为深入准确地把握世界教育发展的前沿问题，以更好地促进我国基础教育新一轮的深化改革。在出版过程中，我们得到了上海教育出版社的大力支持，特别是此套丛书的负责人袁彬同志和董洪同志的大力支持，具体负责每本书的编辑不仅工作高效，而且认真负责，在此一并感谢！

2020年6月24日

于北京求是书屋

序

　　开展法国基础教育教材研究，始于教育部的一项重大攻关课题任务。我和团队开展法国教育研究已有多年，对法国整体教育状况及法国社会科学的研究生态熟稔于心，然而到了文献梳理阶段，我们就深刻感受到国内既有研究的匮乏。这种匮乏大多不是源于对知识和教材内容本身的研究，亦非缺少对国外教材的介绍或分析，而是缺少对国家和民族教材系统的深入研究，缺少建立教材世界版图的目标。

　　一个国家的教材恰如透视这个国家的多棱镜，它折射出这个国家和民族的价值观、历史观和世界观，折射出这个国家意图塑造的文化特质和公民特性，体现了国家的教育对知识和教学的理解，反映出一个国家对差异的包容度和对未来的态度。教材承担着教育资源和教学工具的双重功能，是开展教育教学的重要依据，更承载着传承文化、创造新知的使命。在本书的写作过程中，对于教材的这种认知得到不断强化。

　　本书以法国为研究对象国，从纵向的维度分析了教材编审、使用、评价的过程和标准，从横向的维度分析了教材反映的知识观、世界观和价值观，特别选取了法国基础教育阶段历史教材的文本开展了深入分析。我们希望通过这种"剥洋葱"式的解读和阐释，能够让读者更好地了解法国教育、法国文化和法国的民族性，当然也更好地认识教材本身。

本书的出版得到了北京师范大学教育学部李芒教授、法国斯特拉斯堡大学社会学院罗穆亚尔德·诺曼德（Romuald Normand）教授的帮助，同时也感谢北京师范大学国际与比较教育研究院对成书的大力支持，感谢研究团队的付出。

刘　敏

目　录

绪　论

2018年9月10日，全国教育大会在北京召开，会议指出教育是国之大计、党之大计，是民族振兴、社会进步的重要基石，对提高人民综合素质，促进人的全面发展，增强中华民族创新创造活力，实现中华民族伟大复兴具有决定性意义。会议明确了在新时代背景下要坚持中国特色社会主义教育发展的道路，坚持社会主义办学方向，立足基本国情，遵循教育规律。

教材是国家事权，是学校教育教学的基本依据，是回答"为谁培养人""培养什么样的人""怎样培养人"这些教育根本问题的关键。自中华人民共和国成立以来，我国的教材建设在各方的共同努力下已经取得了显著成绩，"走过了从数量满足到质量提高、从纸质媒介到多媒体数字化、从品种单一到体系建设、从引进借鉴到国产输出、从分头管理到统筹推进的发展历程"[1]，各级各类教育涌现出了一批优秀的教材，为中国教育现代化建设奠定了基础。但同时，教材建设仍需要与时俱进，仍需要明确更好的发展方向，建立中国教育的话语体系，扩大中国特色教材的影响力。2016年12月，习近平总书记在全国高校思想政治工作会议上明确指出，教材建设是育人育才的重要依

---

[1] 曾天山.我国教材建设的实践历程和发展经验［J］.课程·教材·教法.2017，37（12）：17—23.

托，建设什么样的教材体系，核心教材传授什么内容，倡导什么价值，体现国家意志，是国家事权。自此，党和国家将教材建设上升到了国家战略的高度。

2016年10月，中办、国办印发了《关于加强和改进新形势下大中小学教材建设的意见》（以下简称《意见》），从科学制定规划、提升教材质量、强化教材研究、健全国家教材制度等方面，为新时代教材建设指明了方向。《意见》指出，对意识形态属性较强的教材和涉及国家主权、安全以及民族、宗教等内容的教材，实行国家统一编写、统一审查、统一使用。为贯彻落实《意见》，进一步做好教材管理有关工作，2017年3月，教育部成立教材局，主要负责拟订全国教材建设规划和年度工作计划，组织专家研制课程设置方案和课程标准，制定完善教材建设基本制度规范，指导管理教材建设，加强教材管理信息化建设。同年7月，国家教材委员会正式成立，作为中华人民共和国成立以来首个统筹指导管理全国教材工作的组织机构，它标志着我国教材建设工作步入一个新的历史阶段。《国家教育事业发展"十三五"规划》也高度重视教材建设工作，提出要加强对课程教材建设的顶层设计，修订国家基础教育课程方案和课程标准，体现学生发展核心素养要求，完善教材审查审定和使用监测制度，打造具有科学性、时代性、民族性的基础教育课程教材体系。2019年2月，中共中央、国务院印发《中国教育现代化2035》，提出要增强教材的思想性、科学性、民族性、时代性、系统性，完善教材的编写、修订、审查、选用、退出机制，重申了教材建设对实现我国教育现代化的重要性。

2019年秋季学期，北京、上海、天津、山东、海南、辽宁六省市高中起始年级率先开始统一使用部编本思想政治、历史和语文教材，其他省市也将陆续全面推开。我国义务教育阶段的道德与法治、历史和语文三科统编教材也早在 2017 年就投入使用。至此，我国中小学三科教材的管理制度由之前的"一纲多本"正式转变为"一纲一本"。此次改革并不是对原来教材编写方式的简单调整，而是着眼于落实党的教育方针，为维护国家长治久安而作出的重大部署，具有深刻的现实意义和历史意义。

教材是社会主流价值观的重要传播媒介，反映了国家意志和国家的教育理念。从教育的角度来讲，教材是开展教育教学的重要依据。教材具有权威性、系统性、知识性、教化性、时代性等特点，既要体现基础，继承传统，又要有所创新，展现前沿。学生在接触教材、获取知识的同时，也在无形中塑造着自己的思想。可以说，"在一定意义上来讲，有什么样的教科书就有什么样的年轻人，也就有什么样的国家未来"。[1]

教材研究是国别研究的重要组成部分，也是开展比较教育研究的重要途径之一，从实践上也可为我国教材建设提供有益的借鉴。顾明远教授认为，比较教育作为研究世界各国教育改革、世界教育发展动向的一门学科，通过吸收各国教育改革的经验，跟踪世界教育发展的趋势，一方面有助于达到国际理解，另一方面可以增进对本国教育的认识，从而对教育的发展与改革作出贡献，对国家发展具有重要的意义。

法国是比较教育中重要的研究对象国，中法两国在教育传统上有不少相似之处，是具有相似历史传统的国家。[2] 两国具有可对比的教育管理体制，在现实中也面临着诸如教育公平、评价与监测、民族教

[1]　石鸥，石玉.论教科书的基本特征 [J].教育研究，2012，33（04）：92—97.
[2]　刘敏.法国大学治理模式化与自治改革研究 [M].北京：北京师范大学出版社，2015：2.

育等共同的问题。在教科书领域，法国素来重视教科书的建设工作。法国教材编写需要严格依据国家教学大纲，并由国家、学区、省等各级督导监督评估教师是否严格执行教学大纲。[1] 此外，随着信息技术在教育领域的应用，法国在欧洲率先开展了"电子书包"项目。2015年5月，法国举办了数字化教育研讨会，确立了"数字化校园"教育战略规划。到目前为止，法国很多出版社已经推出了数字教材。我国的教材建设经过一段时期的发展已经取得了可喜的成果，但仍存在诸多问题，如教材建设的顶层设计和整体规划不足，教材质量参差不齐，教材编写、审查、使用体制机制不够健全等。本书希望通过梳理法国基础教育教材建设现状，展现法国教材管理的基本样貌，为我国教材建设提供一定的经验参考。

[1] 张丹.教学大纲本位的法国教材管理体系研究［J］.教师教育研究，2017，29（05）：122—126.

第一章

法国概况

第一节

国家概况

法国，全称法兰西共和国，古称"高卢"。公元前1世纪被罗马人占领，481年法兰克人占领了除勃艮第王国和地中海沿岸外的全部高卢，并移驻巴黎，建立法兰克王国。843年，《凡尔登条约》将西欧广大地区一分为三，其中西法兰克王国成为法兰西王国的雏形。10—14世纪，卡佩王朝统治时期改称法兰西王国，17世纪下半叶，波旁王朝路易十四统治时期达到鼎盛。1789年7月14日，法国爆发资产阶级大革命，《人权宣言》发表，君主制被废除，1792年法兰西第一共和国建立。此后法国历经拿破仑（Napoléon Bonapartè）建立的法兰西第一帝国、波旁王朝复辟、七月王朝、法兰西第二共和国、法兰西第二帝国、法兰西第三共和国。1871年3月，巴黎人民武装起义，成立世界上第一个无产阶级政权——巴黎公社，当年5月被镇压。在第一次世界大战中，法国参加协约国，对同盟国作战获胜。第二次世界大战期间，法国遭到德国入侵，戴高乐将军（Charles de Gaulle）组织了反法西斯的"自由法国"运动，1944年8月巴黎解放。1946年10月，法兰西第四共和国成立，进入政云不稳定时期，12年间更迭了20多届政府。1958年，法兰西第五共和国成立，戴高乐出任首任总统。此后，乔治·让·蓬皮杜（Georges Jean Raymond Pompidou）、瓦莱里·吉斯卡德·德斯坦（Valéry Marie René Georges Giscard d'Estaing）、弗朗索瓦·密特朗（François Mitterrand）、雅克·勒内·希拉克（Jacques

René Chirac）、尼古拉·萨科齐（Nicolas Sarkozy）、弗朗索瓦·奥朗德（François Hollande）先后出任总统，现任总统是埃马纽埃尔·马克龙（Emmanuel Macron）。

一、地理

　　法国的行政区划设置为大区、省和市镇。全国分为13个大区96个省，还有4个海外省、5个海外属地和1个地位特殊的海外属地。全国共有36 700个市镇。从地域来看，法国被分成法国本土和法属海外领土两个部分，总领土面积为67万平方千米。其欧洲部分的领土称为法国本土，本土面积为55万平方千米，位于欧洲大陆最西侧。法国本土三面环海，北邻北海，西北接拉芒什海峡与英国隔海相望，西靠大西洋，东南接地中海，与比利时、卢森堡、德国、瑞士、意大利、摩纳哥、西班牙和安道尔八国接壤。除了本土大陆以外，法国还拥有众多海外领土。法国在所有的欧盟国家中面积最大，在所有的欧洲大陆国家中位列第三，仅次于俄罗斯和乌克兰。2014年11月19日，法国国民议会通过了《地方行政组织改革法》，将原有的22个大区合并为13个新的超级大区，新区划于2016年起开始执行。

二、人口

　　2019年，法国总人口数（含海外领地）达到6 699万，其中本土人口为6 481万。近10年来，法国平均每年接纳20万移民，是接纳移民数量最少的发达国家之一，其1.2‰的净迁移率比1960年少了一半，远远低于德国（10‰）、英国（5‰）等欧洲发达国家。2013年的一份统计数据显示，法国本土的人口数在2013年增加了27万人，其中有5

万是移民人口。虽然法国在近几年的净迁移率略低于德国和美国，但法国依然是全球第六大移民国，移民占总人口的8.9%。近年来，低出生率一直困扰着欧洲多数发达国家，但法国在这一方面的情况要相对乐观。据统计，2012年欧洲平均生育率为1.58，而法国的这一数字达到了2.01。法国的出生率位居欧洲第一，高于德国（1.38）和西班牙（1.32）等邻国。

从移民人口的来源来看，大部分移民来自非洲和欧洲，其余来自亚洲。从法国国家人口研究所发布的数据来看，截至2016年，法国的移民人口数约为622万，其中非洲移民约有276万，欧洲移民有220万、亚洲移民有125万。由此可见，法国的人口构成比较复杂。因此，要想让不同人种、国家、民族的人在同一社会体制中和谐共处，政府就需要部分地牺牲掉这一群体以前的社会身份、生活方式和文化传统等。面对人口"大熔炉"，法国政府采取了"融合政策"（politique d'intégration），即以"同化"手段（approche assimilationniste）和"多文化并存"手段（approche multiculturelle）来促进外来移民的社会融合度。但由于本土居民和外来移民之间的原始文化存在差异，法国的社会流动度并不高，阶层差距不断扩大，从而限制了外来移民的社会参与度。同时，身份认同感的缺失很容易导致本地人和外来人社会价值观的分歧，因此，对社会成员的道德教育显得尤为重要。这也是为什么无论哪个党派执政，法国近年来的教育改革都一直强调公民道德教育的原因。

三、政治

法国是典型的多党制国家。自戴高乐将军建立法兰西第五共和国以来，法国的执政党不断更迭，但都是在左右两翼政党之间产生。直到2017年5月，共和国前进运动党党员埃马纽埃尔·马克龙当选新一任法国总统，才打破了这个非左即右的传统。马克龙主张超越传统左右翼的理念分歧和党派之争，兼容并蓄，博采众长。经济政策上奉行右翼自由主义，倡导改革创新、促进就业、增强市场活力；社会政策上奉行左翼价值理念，重视民生教育，维护社会公平；外交方面主张以欧盟为重点，捍卫欧洲一体化，平衡发展同世界各大国的关系。法国实行国民议会和参议院两院制，议会拥有制定法律、监督政府、通过预算、批准宣战等权力。国民议会共577席，议员任期5年，采用两轮多数投票制，由选民直接选举产生。2017年6月，由马克龙创立的共和国前进运动党与中间派政党民主运动党组成的联合阵营在议会选举中收获了350个议席，以60.7%的绝对多数掌控了国民议会。

四、经济

目前法国社会正处在一个关键的转型期。法国虽然存在如恐怖袭击、高失业率等诸多不利于社会发展的因素，但从经济合作与发展组织（Organisation for Economic Co-operation and Development，简称OECD）发布的最新数据来看，法国2018年的国内生产总值（Gross Domestic Product，简称GDP）为27 775亿美元，同比增长1.2%；财政赤字率降至国内生产总值的2.5%；失业率为9.1%，同比下降0.3%。由此看来，法国经济正在好转，就业市场逐渐复苏。不过，2016年法国的公共财政支出占GDP的比例达到56%，该项数值如此之高的主要原因在于，法国的工资支出和退休金支出所占比重过大。据统计，法国在2016年的工资支出占公共支出的12.8%，远远超过德国的5.3%。但同时，如此巨大的社会保障体系和最低工资标准，也使其贫穷率低于多数OECD成员国。

法国经济的发展主要依靠其强大的工业实力。2018年，法国工业增加值约占国内生产总值的16.9%，主要工业部门有汽车制造、造船、纺织等，钢铁、汽车和建筑业为三大工业支柱。法国的核电设备、石油加工技术仅次于美国，居世界第二位；航空航天工业仅次于美国和俄罗斯，位列世界第三。同时，法国还是世界第一大旅游目的地。2017年，旅游产值占国内生产总值的8%，年游客接待量达到8 700万人次。此外，法国不仅是欧盟最大的农业生产国，还是世界主要农产品和农业食品出口国。

五、社会

在社会生活方面，与OECD多数成员国相比，法国在衡量"生活满意度"的评估中多项指标成绩都表现不俗，如法国人在参与民主生活、平衡私人生活与职业生活等方面都有良好表现。OECD在2015年的统计数据显示，仅从"投票选举"这一项来看，法国人的政治参与度（80%）普遍要比OECD其他成员国（68%）高。在20%的最高收入群体中，有84%的人参与了政治生活的投票，而在20%的最低收入者中，这一数字也达到了75%，这9%的差额也要低于OECD成员国的平均值（13%）。法国人平均每天的休息和娱乐时间（16.4小时）均高于OECD成员国的平均值（15小时）。而年龄为24—54岁的女性从业人数百分比也高于其他成员国。所有这些因素都是衡量社会成员生活满意度的重要指标。

在居民生活水平方面，根据OECD于2015年发布的调查报告，虽然法国家庭年人均可支配收入约为29 759美元，高于OECD成员国的平均水平（29 016美元），但是，法国社会的贫富差距极大，前20%高收入群体的收入是后20%低收入群体收入的5倍。除此之外，法国的就业问题依然是困扰整个社会的顽疾。据统计，在15—64岁的人群中，只有64%的人有工作收入，这一数字要低于OECD成员国的平均值（66%）。低就业率势必导致就业者的工作时间长于其他国家。而就业问题无法根治的首要原因就在于劳动力无法适应就业市场。也就是说，劳动力素质达不到岗位要求，这与求职者的学历和培训经历不无关系。一个国家的民众生活满意度往往与这个国家的政治经济实力、社会稳定程度和个人受教育程度息息相关。

第二节

教育概况

法国教育历史悠久，法国的许多教育思想、人物、制度、机构及教育实践都对欧洲乃至世界产生过重要影响，如终身学习、拿破仑、普及义务教育制度、大学校、启蒙运动等。法国素来重视教育，从政策上确立了教育优先的地位，现行的教育制度大致在20世纪80年代初形成。2018年起，法国将学前教育纳入义务教育，义务教育年限从此前的10年延长到13年。幼儿园学制3年，小学学制5年，为初等教育；初中学制4年，高中学制3年，为中等教育。同时，法国根据儿童各年龄段的发展特点和能力水平，将中小学学习分为四个阶段：入门学习阶段，即幼儿园各年级；基础知识学习阶段，即小学一、二、三年级；巩固学习阶段，包括小学四、五年级和初中一年级；深入学习阶段，包括初中二、三、四年级。

法国教育有公立教育和私立教育两类。公立学校由政府投入经费，不收取学费，餐费也是根据家庭条件按比例收取，学校必须严格按照政府制定的教育大纲教学。私立学校分两种，一种是签约私校，分为协作合同学校和简单合同学校，都是由政府和学校本身各负责一部分运营资金，主要的区别在于政府投入资金的多少和教学自主权的大小；另一种是非签约学校，所有费用都自行承担，学校几乎能够完全自主安排教学内容。在法国，公立学校始终在教育体制里占主导地位。

一、初等教育

法国的初等教育由幼儿园（école maternelle）和小学（école élémentaire）组成。2018年起，法国将学前教育纳入义务教育，在此之前，尽管法国不强制儿童必须进入幼儿园就读，但几乎100%的儿童都会在3周岁左右入读幼儿园。2018年，法国共有14 283所幼儿园。此外，针对3岁以下儿童的保育，法国还有专门的托儿所（crèche）。

法国小学学制为5年（6—11岁），各年级称为CP、CE1、CE2、CM1和CM2。公立学校学费全免，一般情况下按学区就近入学，但也可以申请跨区入学。法国小学阶段进一步发展学生的阅读、写作和数学能力，并开始设置其他课程，一般每个班级配备1—2名教师教授课业。其中，最基础、首要的是法语的学习，包括口语表达、阅读、写作等课程。其次是人文教育，比如集体生活、历史—地理、外语。法国学生在小学阶段至少要选择学习一门外语，除了英语，还有德语、西班牙语甚至中文可以选择。小学教育的主要目的在于激发学生学习的积极性，培养他们独立思考和学习的能力。此外，为减轻小学生的学业负担，法国政府规定，自2017年起，原来的周三下午休息改为周三全天休息，目前全法国已有三分之一的小学实行这一政策，其余的学校正在逐步跟进。

二、中等教育

法国的中等教育分初中和高中两个阶段。初中学制为4年。初一为过渡时期，这一年主要用来巩固小学所学的知识；初二为探索学习方法时期，开始教授物理—化学，学生可选修拉丁文；初三为学习速度加快期，这一年法文与数学的难度加深，并增加了第二外语；初四为初中转高中最关键的一年，在这一年里，学生必须通过初中毕业会考（Brevet），并决定高中的发展方向。

高中教育由普通高中、技术高中和职业高中三部分构成。普通高中和技术高中学制为3年，职业高中学制为2—4年。毕业时，普通高中的学生参加高中毕业会考（BAC général），技术高中的学生参加技术高中毕业会考（BAC Techno）。职业高中属于短期高中性质，教学中普通文化课和职业技术课时间各半。职业高中学生毕业时参加职业类会考（BAC Pro），通过考试后可以获得职业能力证书CAP或BEP。

三、高等教育

法国的高等教育主要有综合大学（Université）、大学校（Grande école）、高等专业院校（Écoles et Instituts Spécialisés）等机构。2016年，综合大学完成学制改革，分为三个阶段：学士阶段（Licence）学制3年，取得180欧洲学分可获得学士文凭；硕士阶段（Master）学制2年，取得120学分可获得硕士文凭；博士阶段（Doctorat）学制通常为3—4年。综合大学承担了法国大众高等教育的责任，凡是通过高中毕业会考或具有同等学力的人，都可以通过申请进入综合大学。

大学校是法国的精英教育，包括高等工程师学院、高等商学院以及高等师范学院、高等行政学院等，是法国高等教育中的一种特殊类型。它的特点是：规模小，招生要求高，师资和设备比一般大学优越，教学专业性强。这类院校教学更注重理论与实践结合、学校与企业结合等，学制各不相同。其中一部分院校的学制与综合大学相似，即"学士—硕士—博士"体系，比如高等商学院，通常学习3年可获得学士文凭，然后再学习1—2年获得硕士文凭，之后有些学校可以接受学生继续攻读博士学位。

高等专业院校学制一般2—5年，主要培养特定领域的专业人才，如护理、视听、传播、新闻、时尚与设计、农学等，许多院校直接由行业专业机构管理。学生在通过高中毕业会考后，还要再参加高等专业院校组织的入学选拔考试，有的院校也采取申请制入学。此类院校非常注重培养学生的实践能力，实习是课程内容的重要组成部分。学生毕业后以直接就业为主。

第二章

法国基础教育教材的编写

第一节

法国中小学课程设置

一、小学课程设置

法国小学面向所有6—11岁的儿童开放，学制为5年，横跨两个学段，即第二学段（包含小学一年级、小学二年级和小学三年级）和第三学段（包含小学四年级、小学五年级和初一）。第二学段被称为基础学习阶段，共有8门必修科目，小学一至三年级科目设置保持一致；第三学段被称为知识巩固阶段，即自小学四年级起，科目数增至10门，增设了"艺术史""历史—地理"和"科学与技术"等3门，取消了"询问世界"，小学四至五年级科目设置保持一致（见表2-1）。法国小学实行"全科教学"，在整个学年中，学生在同一间教室学习所有课程。通常，每个班级只有1—2位教师[1]负责所有学科。

表2-1　法国小学课程设置

年　级	科　　目
小学一年级	法语、现代语言、造型艺术、音乐教育、体育、公民与道德教育、询问世界、数学
小学二年级	法语、现代语言、造型艺术、音乐教育、体育、公民与道德教育、询问世界、数学

---

[1] 法国小学教师接受的是"全科培训"，因此都是"全科教师"。

（续表）

年　级	科　目
小学三年级	法语、现代语言、造型艺术、音乐教育、体育、公民与道德教育、询问世界、数学
小学四年级	法语、现代语言、造型艺术、音乐教育、艺术史、体育、公民与道德教育、历史—地理、科学与技术、数学
小学五年级	法语、现代语言、造型艺术、音乐教育、艺术史、体育、公民与道德教育、历史—地理、科学与技术、数学

二、初中课程设置

初中是中等教育阶段，面向所有小学毕业的儿童，学制为4年，横跨两个学段，即第三学段（包含小学四年级、小学五年级和初一）和第四学段（包含初二、初三和初四）。第三学段被称为巩固学习阶段，第四学段被称为深化学习阶段，两者衔接紧密，因而从课程设置上来看变动不大。初一包含10门必修科目和2门选修科目，相较小学五年级仅增设了选修部分，起到了良好的过渡作用。初二包含14门必修科目和3门选修科目，必修科目中取消了"科学与技术"，并将原属其下的"生命与地球科学""物理—化学"和"技术"等3个科目作为必修，新增了"传媒与信息教育"和初一的选修科目"第二外语或方言"，选修科目中则增补了"欧洲语言和文化"和"古代语言和文化"。初三和初四的科目设置相较初二并无变化（见表2-2）。

表2-2　法国初中课程设置

年级		科　目
初一	必修科目	法语、现代语言、造型艺术、音乐教育、艺术史、体育、公民与道德教育、历史—地理、科学与技术（包含生命与地球科学、物理—化学和技术）、数学

（续表）

年级		科　目
初一	选修科目	第二外语或方言、地方语言和文化
初二	必修科目	法语、现代语言、造型艺术、音乐教育、艺术史、体育、公民与道德教育、历史—地理、物理—化学、生命与地球科学、技术、数学、传媒与信息教育、第二外语或方言
	选修科目	地方语言和文化、欧洲语言和文化、古代语言和文化
初三	必修科目	法语、现代语言、造型艺术、音乐教育、艺术史、体育、公民与道德教育、历史—地理、物理—化学、生命与地球科学、技术、数学、传媒与信息教育、第二外语或方言
	选修科目	地方语言和文化、欧洲语言和文化、古代语言和文化
初四	必修科目	法语、现代语言、造型艺术、音乐教育、艺术史、体育、公民与道德教育、历史—地理、物理—化学、生命与地球科学、技术、数学、传媒与信息教育、第二外语或方言
	选修科目	地方语言和文化、欧洲语言和文化、古代语言和文化

三、高中课程设置

初中毕业后，学生可进入普通高中、技术高中或职业高中继续学业，学制一般为3年，高一学年为基础教育学年，学生需要学习的科目非常多，包括必修和选修两个部分。高一必修科目共11门，选修科目共6门，课业较为繁重。升入高二后，除了7门公共必修科目以外，学生可以在全部11门专业课程中根据自己的兴趣爱好，结合个人发展规划任意选择3门专业课。选修科目则不作要求，可在7门科目中选择1门。高三的公共必修科目与高二相比没有什么太大变化，但一般在高二学期末会提前进行法语会考，因此在高三学年将不会再安排法语课程，必修科目减少到了6门（见

表2-3）。经过高二一学年的学习后，学生也需要决定选择哪两门专业课程在高三进行更加深入的学习，这也就意味着选择哪2门专业课程参加最后的毕业会考。选修科目同样不作要求，可在3门中选择1门。

表2-3 法国高中课程设置

年级	科 目		
高一	必修科目		法语、历史—地理、第一外语、第二外语或方言、数学、物理—化学、生命与地球科学、体育、公民教育、经济与社会、数字科学与技术
	选修科目		杂技艺术、体育、第三外语或方言、古代语言和文化——拉丁语或希腊语、艺术、生态—农业—地域—可持续发展
高二	必修科目	公共必修	法语、哲学、科学、历史—地理、公民教育、第一外语与第二外语、体育
		专业必修	艺术、生态—农业—地域、历史—地理—地缘政治、文学—哲学、语言—外国文学、数学、数字与信息科学、物理—化学、生命与地球科学、社会与经济、工程科学（任选3门）
	选修科目		艺术、第三外语、古代语言与文化、体育、手语、马术、社会文化实践（任选1门）
高三	必修科目	公共必修	哲学、科学、历史—地理、公民教育、第一外语与第二外吾、体育
		专业必修	在高二选择的3门中任选2门
	选修科目（A、B两组最多共选2门）		A组：专业数学、数学、现代社会重大问题（最多选1门）
			B组：体育、第三外语、古代语言与文化、艺术、手语、马术、社会文化实践（最多选1门）

第二节

教学大纲的制定和修订

一、教材与教学大纲

法国历史上拥有中央集权的行政体系，在大革命前，法国的教育一直处于天主教会的控制之下，教会通过"传教访问"的形式对学校进行监督管理。大革命时期，摆脱教会的束缚，重新建立国家教育制度成为众多革命志士的共识，为此政府颁布了一系列的教育法案。为了维护国家的统一、安定，大革命后历届政府都将教育视为"必争之地"，与天主教会展开了近百年的政治博弈。法国近代中央集权式教育行政体制的确立始于拿破仑时期。19世纪初，拿破仑设立帝国大学，并通过三部重要的教育法令明确规定：所有的学校都必须置于国家和政府的监督和控制之下，未经许可不得开办中等学校，高等学校一律由国家举办；全国设中央、学区、省三级行政机构，统一管理全国教育。[1] 自此，政府开始了与教权之间的拉锯战。直到19世纪80年代，《费里法案》（Loi Ferry）确立了教育的义务性、免费性，而这种政府出资的免费义务教育必然对学校的世俗性作出要求。从此教育事权斗争胜利的天平开始向政府倾斜。一直到第二次世界大战前夕，法国不断进行改革，进一步强化了中央集权的教育行政体制。

---

[1] 石灯明.中央集权体制下的法国教育督导制度［J］.当代教育论坛（上半月刊），2009（11）：22—25.

第二次世界大战后，法国面临恢复教育和推进教育改革的重任，为此中央政府进一步扩大了教育部的职权范围。[1]自此，法国的教育事业彻底成为国家事权，牢牢地处于中央政府的控制之下。20世纪80年代，欧美国家兴起了地方治理运动，加之法国国内社会矛盾日益尖锐，双重压力之下，法国开始实行地方分权改革。中央与地方就教育事务权限、各级别学校的行政归属以及财政负担等权责归属进行了重新划分，希望能够借此充分发挥地方的积极性。不过，一些关键性的职权依然被中央牢牢地把握在手中，并没有丝毫动摇。

其中，制定教学大纲一直以来就是法国中央政府直接掌管的事务之一。法国教育法规定，在小学、中学、大学校预科班以及高级技术人员证书班中使用的教材、教材指南、练习册，以及作为补充的教学实践活动，或是替代以上这些的讲义，均需按照相关部门预先规定或认可的教学大纲进行规划编写。[2]由此可见，虽然法国实行自由的教材编写制度，但学生学习什么知识，培养学生什么样的能力、建立何种价值观的决定权，依然牢牢掌握在国家手中。因此，分析法国的教材编写必然绕不开教学大纲。下面就从教学大纲入手对法国的教材编写进行探讨。

二、教学大纲的制定机构

在法国的传统中，教学大纲长期以来一直是由主管国民教育的

---

[1] 张岩.中央集权下的法国教育行政体制及成因 [J].学理论，2011（20）：59—60.

[2] Le Service Public de la Diffusion du Droit. Code de l'éducation Article D314-128 [Z/OL]. Base de donnée du service public de la diffusion du droit, 2020 [2020-02-04]. https://www.legifrance.gouv.fr/affichCodeArticle.do?idArticle=LEGIARTI000006526696&cidTexte=LEGITEXT000006071191&dateTexte=20200403&oldAction=rechCodeArticle&fastReqId=443398490&nbResultRech=1.

教育部部长和督学共同制定，督学在其中既是大纲制定者又是评价者。随着科学技术的突飞猛进、知识的不断丰富、义务教育入学率的不断提升，这种较为封闭的大纲制定模式已明显不能满足教育的需求。教学大纲这一直接关系学生学习内容的纲领性文件在制定过程中需要更宽广的视野，需要倾听来自不同领域的声音。1990年，在时任法国国民教育部部长利昂内尔·若斯潘（Lionel Jospin）的推动下，国民教育部成立了由学者和一线教师组成的国家课程委员会，希望能够借此将课程大纲的制定与评价相分离。但实际上，该委员会并不承担教学大纲的制定工作，其主要任务是为教育部部长提供改革的参考建议。教学大纲的制定被委任了由学者领导的专家组。专家组的具体成员构成以及大纲制定过程一直是个"黑匣子"，教师甚至不了解教学大纲制定者的基本情况，其缺乏透明度的问题饱受诟病。

2005年，国民教育部颁布了《学校未来课程与方向法》（Loi d'orientation et de programme pour l'avenir de l'école），废除了国家课程委员会，其部分职能由同年成立的教育高级委员会承担。该委员会的主要工作是拟定教学大纲和指向学生核心素养的文件《知识与能力的共同基础》（Socle commun de connaissances et de compétences），并制定教师培训体系。法律规定，教育高级委员会由9名成员组成，其中3名由总统任命，2名由国民议会议长任命，2名由参议院议长任命，2名由经济与社会委员会（Conseil économique et social）委员长任命。具体来看，委员会组成更加多元，既包括学者、督学，也包括教育界以外的代表，如杂志社主编、银行董事会主席等，但其具体的工作流程仍然不够透明。

2013年，法国课程高级委员会成立。法国教育法（2020年1月修订）第 L231-14 条规定：法国课程高级委员会是一个隶属于法国国民教育部的独立机构，由 18 名委员组成，每名委员任期 5 年。其中包括由国民议会教育常设委员会和参议院教育常设委员会分别任命的 3 名众议员和 3 名参议员，由经济社会与环境委员会委员长任命的来自该委员会的 2 名成员，以及由国民教育部部长任命的 10 名在各自领域表现卓越且熟悉教育体系的合格人士。[1] 这 10 名合格人士一般来自高等教师与教育学院、大型科研机构、国民教育督导处、有关协会或工会。2018 届课程高级委员会委员情况见表 2-4。该委员会的主要职责是拟定小学、初中和高中阶段的教学大纲以及指向学生核心素养的《知识、能力与文化的共同基础》（Socle commun de connaissances，de compétences et de culture，以下简称《共同基础》），探索学业评价的形式，并负责教师的培训工作。这次改革的目的是保障教学大纲的科学性、教学性，加强教学内容、学业评价和教师培训之间的协调一致。与之前的机构相比，从成员组成的角度来看，课程高级委员会成员人数更多，组内成员的异质性更强，且更加注重成员之间的男女比例。从决策过程的角度来看，其工作的透明度有了显著提高。该委员会通过的《课程章程》（Charte des programmes）明确规定了教学大纲制定、评估和修订的相关程序。此外，委员会官网会及时公示教学大纲制定者的情况、顾问的情况、相关研究的情况，以及每年的工作计划和总结。

---

[1] Le Service Public de la Diffusion du Droit. Code de l'éducation Article L231-14 ［Z/OL］. Base de donnée du service public de la diffusion du droit, 2020 ［2020-02-04］. https://www.legifrance.gouv.fr/affichCodeArticle.do?idArticle=LEGIARTI000038902399&cidTexte=LEGITEXT000006071191&dateTexte=20200113.

表2-4　2018届课程高级委员会组成情况

委员会职务	姓　名	社会身份
委员长	苏阿达·阿雅达 （Souâd Ayada）	国民教育总督学
副委员长	菲利普·雷诺 （Philippe Raynaud）	巴黎第二大学教授
众议员	皮埃尔-依夫·布纳泽尔 （Pierre-Yves Bournazel）	巴黎18区众议员，众议院文化与教育事务委员会副委员长
众议员	塞西尔·希拉克 （Cécile Rilhac）	瓦勒德瓦兹省（Val-d'Oise）3区众议员，文化与教育事务委员会成员
众议员	阿涅斯·蒂尔 （Agnès Thill）	瓦兹省（Oise）2区众议员，文化与教育事务委员会成员，小学教师
参议员	马克思·布里松 （Max Brisson）	比利牛斯—大西洋（Pyrénées-Atlantiques）省参议员，参议院文化、教育与交流委员会成员，国民教育总督学
参议员	索尼娅·德·拉·普罗维特 （Sonia de la Provôté）	卡尔瓦多斯（Calvados）省参议员，参议院文化、教育与交流委员会成员
参议员	克洛迪纳·勒帕吉 （Claudine Lepage）	海外法国人议员，参议院文化、教育与交流委员会成员，法国海外民主协会会长，海外法国教育机构董事会成员
其他合格人士	凯瑟琳·贝切蒂-比佐 （Catherine Becchetti-Bizot）	国民教育总督学
其他合格人士	阿兰·卡迪斯 （Alain Cadix）	工程师，大学校论坛名誉主席，前达索航空公司人力资源主任，法国技术学会成员
其他合格人士	丹尼斯·格拉蒂亚斯 （Denis Gratias）	法国科学研究中心（CNRS）名誉研究主任，法国科学院科学教育委员会成员，法国物理学会教学委员会成员

（续表）

委员会职务	姓　名	社会身份
其他合格人士	让-路易·穆奇耶利 （Jean-Louis Mucchielli）	经济学博士，巴黎第一大学名誉教授，前亚眠学区区长，前高等教育与研究部高等教育主任，前高等教育评估机构顾问
其他合格人士	萨米·穆斯塔法 （Sami Mustapha）	朱西厄数学学院教授
其他合格人士	米霍耶·萨科特 （Mireille Sacotte）	巴黎第三大学名誉文学教授
其他合格人士	贝阿特里斯·萨尔维亚特 （Béatrice Salviat）	生物学博士，"动手做"科学合作基金会副主任
其他合格人士	克里斯娜·西曼凯维奇 （Christine Szymankiewicz）	国民教育与科研行政管理总局督学
经济社会与环境委员会成员	纪尧姆·杜瓦尔 （Guillaume Duval）	记者，《经济选择》 （Alternatives économiques）主编
经济社会与环境委员会成员	奥尔迦·特罗斯蒂安斯基 （Olga Trostiansky）	法国经济社会与环境委员会妇女权利评议会成员，主管幼儿及家庭事务，前巴黎市副市长

三、教学大纲的修订与评估

随着科学技术的进步及知识的日益丰富，学校的教学内容需要与时俱进才能满足社会对学校教育提出的新要求。为此，国民教育部会定期组织重新修订教学大纲。平均来说，法国的教学大纲每6—8年修订一次（见表2-5），小学、初中现行教学大纲为2015版教学大纲，高中为2019版教学大纲。除了这种全学科统一的、整体的修订外，平时国民教育部会不定期地对某几门科目的教学大纲进行局部的修改和完善。例如，为了让所有学生能尽早了解有关气候和环境的相关问题，树立危机意识，国民教育部部长在2019年6月召开课程高级委员会会议，要求在小学、初中阶段增加与气候变化、可持续发展和生物多样性相关的内容。课程高级委员会随即组织专业人士，对小学的科学与技术课程、初中的生命与地球科学课程和物理—化学课程的现行教学大纲进行了局部修订。

表2-5　法国教学大纲修订年份表

学校级别	教学大纲修订年份
小　　学	1985、1995、2002、2008、2015
初　　中	1985、2008、2015
高　　中	1992、2002、2010—2012、2019

无论是全学科教学大纲的整体修订，还是针对某几门科目教学大纲的局部调整，法国教学大纲的修订大都包括以下几个步骤：

（1）国民教育部部长委托课程高级委员会拟定教学大纲草案；

（2）课程高级委员会制定教学大纲编写标准并在必要时举行听证会；

（3）课程高级委员会组建专家组制定教学大纲草案，专家组一般由5—15名督学、高校研究者和中小学教师构成；

（4）专家组向课程高级委员会呈递教学大纲草案，委员会讨论并进行投票；

（5）课程高级委员会向国民教育部部长呈递大纲草案，并进行公示；

（6）国民教育部向教育高级委员会呈递教学大纲草案；

（7）国民教育部部长通过教学大纲；

（8）以官方公报和教育部官方公报的形式公示新版教学大纲。

教学大纲的公示并不代表立刻生效，为保证教材编写的必要时间，法国教育法（2020年1月修订）第D311-5条规定，除非国民教育部部长或高等教育、研究与创新部的部长在咨询教育高级委员会的意见后做出决定，否则教学大纲须在其公布至少12个月后才开始生效。[1]

大纲实施后，课程高级委员会将组织高校研究机构、国民教育督导机构、预测与评估司、学校制度评估委员会、基础教育司等机构，按照固定的程序对大纲进行定期评估。评估主要涉及大纲的有效落实程度、不同学校不同教师对大纲解读的差异、大纲对不同学生学习产生的影响、学生学习期间遇到的困难以及对大纲的改进建议。课程高级委员会每年要向国民教育部提交基于评估结果的报告，并呈递至议会。同时，教师、家长等相关利益群体也会对教学大纲起到评价监督作用。1994—1995年，法国殖民地马提尼克出身的黑人诗人艾梅·塞泽尔（Aimé Césaire）的作品《返乡之路》（*Cahier d'un retour au pays natal*）和《殖民论述》（*Discours sur le colonialisme*）被列入高三年级法语文学科目的教学大纲。公众对此的反应非常强烈，一方面，许多教师认为这两部作品难度过大，不适合该年龄段的学生；另一方面，在当时的时代背景下，家长们对学生学习这种带有反殖民主义色彩的文章深表忧虑。一年后国民教育部就在教学大纲中删除了这两部作品。同样，2010年高中教学大纲中出现的奥维德（Ovide）的作品《爱的艺术》（*L'art d'aimer*），以及戴高乐将军的作品《战争回忆录》（*Mémoires de guerre*）也引发了社会的强烈不满，随即受到了国民教育部的高度关注。

---

[1] Le Service Public de la Diffusion du Droit. Code de l'éducation Article D311-5［Z/OL］. Base de donnée du service public de la diffusion du droit, 2020［2020-02-04］. https://www.legifrance.gouv.fr/affichCodeArticle.do?idArticle=LEGIARTI000006526702&cidTexte=LEGITEXT000006071191&dateTexte=20200411&fastPos=1&fastReqId=865324692&oldAction=rechCodeArticle.

四、现行教学大纲概要

法国小学、初中现行的教学大纲为2015版教学大纲。该版大纲紧紧围绕法国同年颁布的指向6—16岁学生核心素养的文件，即《共同基础》所提出的五大共同基础[1]展开编写，以保证学生获得基本知识与能力。现行版小学、初中教学大纲为一本制，共计383页，总体上以学习阶段为单位，将整个教学大纲分成了第二学段、第三学段、第四学段三大章节，每个章节下又详细分为三个小节。其中第一小节主要结合该学段学生身心发育特点对其所需掌握的知识、能力进行介绍；第二小节讲解了该学段不同学科对五大共同基础中每一个基础习得的贡献；第三小节则分学科对具体教学内容进行细致的讲解。其中，第三小节是教学大纲的主要组成部分。具体来看，第三小节又分为四个部分（参见附录）。第一部分主要在基础教育全局的层面介绍该门学科在该学段的培养目标，以及《共同基础》中的文化部分在该大纲中的体现；第二部分主要阐述该门学科对学生掌握《共同基础》所能起到的作用，即该门学科在该阶段所传授的知识、能力分别对应《共同基础》中的哪一条或哪几条；第三部分则具体分主题说明学生所要掌握的知识、能力、方法、工具等，某些科目会细分各个年级需要掌握的知识点；第四部分为多学科教学部分，主要阐述该门学科与其他学科进行跨学科教学的可能性，如语文和历史、德育、艺术等课

---

[1] 2007年，法国国民教育部针对6—16岁的学生，出台了指向学生核心素养的文件《知识与能力的共同基础》，并规定义务教育阶段所有教学大纲的编写均须围绕该文件展开。在此基础之上，2015年，法国政府颁布《重建共和国学校的课程方向法》（Loi d'Orientation et de Programmation pour la Refondation de l'École de la République），增设了文化维度的共同基础，扩展成为《共同基础》。2015版《共同基础》围绕着思考与交际的语言、学习方法与学习工具、公民的培养、自然与科技、世界与人类活动这五大模块搭建了6—16岁学生所需掌握的知识、能力、文化的共同基础。

程的结合。例如在第四阶段的语文教学中，大纲建议组织学生利用历史信息完成一篇现实或虚构的"旅行日记"写作。教学大纲颁布后，法国基础教育司和国民教育总督导司还会颁布与大纲配套的教学资源和大纲解读性文件，供教师参考。

法国高中现行教学大纲为2019版教学大纲。该版教学大纲旨在帮助学生巩固初中所学内容，同时进一步深化学科知识，为学生构建共同的文学、历史、人文和科学文化基础。从形式上来看，与小学、初中教学大纲有所不同，高中教学大纲各年级、学科各成一份文件，不同年级、不同学科的大纲组成都有其独特之处。但总体上来看，每份教学大纲都由前言和大纲正文两部分组成。其中前言包括教学目标、教学准则，以及大纲正文的结构；大纲正文部分则分不同的主题对该年级、该学科的具体教学内容展开详细的阐述。从内容上来看，2019版高中教学大纲主要有以下特点。第一，大纲在理科课程方面注重理论概念和科学推理，旨在帮助学生理解科学知识在实践、方法和社会挑战方面的特殊性。第二，在文科课程方面重视通过论证来培养学生的语言能力，尤其是提高口语表达水平，帮助学生准备毕业会考中的口试科目。第三，在课程设置方面与时俱进，设立新学科。首先，大纲在高一年级增设了必修科目"数字科学与技术"，在高二年级增设了专业科目"数字与信息科学"，帮助学生掌握数字科学的概念，了解数字科学日益发展的趋势以及由此给人类实践带来的重要影响，在科学和技术层面上掌握信息科学的概念和方法。其次，大纲在高二年级增设了专业科目"历史—地理—地缘政治""文学—哲学"，希望以此培养学生跨学科看待问题的能力。第四，在学习形式方面，大纲力求在操作研究性学习、口头表达、推理论证性学习、实验建模性学习中平衡时间分配。

第三节

基础教育教材的编写

一、基础教育教材编写的过程

（一）编写队伍组建阶段

法国基础教育阶段的教材编写以教学大纲为依据，通过文本、插图、练习及课堂活动将大纲中要求学生掌握的知识点具体化，以期辅助教师完成教学任务。教学大纲正式公布后，各出版社随即开始组建教材编写团队。

从作者人数来看，虽然如今法国基础教育教材的编写通常由一个团队合作完成，但从历史上来看，教材最初是由作者完成手稿后交给编辑，或者在编辑的委托下独立编写完成的。从19世纪末起，出版社开始在某几门学科中组织多人共同编写教材，通过这种"强强联手"的模式来提高教材的竞争力。从20世纪60年代起，合作编写逐渐成为各出版社的惯例。据统计，1960—2000年出版的外语教材中，有三分之二是合作编写而成的。[1]时至今日，为了能够跟上越来越快的教学改革节奏，教材编写团队越来越壮大，语文、历史等教材的编写团队人数甚至达到20余人。

从编写成员的具体构成来看，在过去，出版社一般会邀请总

---

[1] CHOPPIN A. Les Manuels de langue vivante de 1789 à nos jours［J］. Les Langues modernes, 2002 (1): 6—14.

督学担任教材编写组的组长，组内成员也主要由督学构成。但这种模式在实际编写过程中存在较为明显的弊端。受限于自身政府官员的身份，同行及所属机构的评价对督学形成了一种无形的约束。因此督学在教材编写中不可避免地会使用大量官方话语，无法满足使用者的实际需求。这种较为单一的团队组建模式逐渐被抛弃。目前来看，教材编写团队成员日渐多元化，出版社一般会以学科为单位挑选督学、一线教师、学科专家、教师培训者组成5—10人的教材编写组，以保证教材的编写既能够反映学科最新研究成果，又能够考虑实际教学情况。在具体选择编者的过程中，出版社会听取编写组组长的建议，同时也会多方权衡。例如，许多出版社会选择一名在教育优先网[1]（Réseau d'Éducation Prioritaire）所属学校工作的教师作为编写组的成员，以使教材的编写过程尽可能兼顾各种背景的学生，满足多种教学环境的需要，从而扩大教材的适用范围。

（二）编写方案确定阶段

一般来说，教材编写工作于5月份正式启动。编写组首先要与出版社编辑一同制订详细的编写计划，其中包括教材中知识点的大致编排、章节划分以及知识点的具体呈现形式（例如，有的出版社通过漫画的形式讲解知识点）。同时，教材的整体框架，如教材的总页数，教材中的文本、图表、图像以及练习所占的比例，也要在这一时期确定，方便后续编写工作的开展。编写方案制定完成后，编

---

[1] 教育优先网是法国政府划定的在教育方面面临挑战，需要给予人力、物力、财力特殊支持的区域。一般根据学校所处的地理位置、家长职业、外籍学生比例等条件确定。

写组组长会向各组员分配各自负责的章节，并制订稿件交付计划。新教材从编写到投入使用的时间非常紧迫。从教学大纲正式出台到新版教材最终出版，一般只有一年左右的时间。对出版社来说，延误教材的出版时间会造成巨大的损失，因此编写组需要严格遵守稿件交付时间。

（三）具体编写阶段

暑假是编者编写教材的主要时间段。在教材编写的过程中，出版社会组织编者定期开会，共同研讨编写中遇到的各种问题。与此同时，版面设计师会根据编者的想法着手设计教材版面模板。在法国，教师拥有自由选择教材的权利。一般来说，供教师选择的教材有十几个版本，所以教师需要尽快作出选择。想要在如此激烈的竞争中脱颖而出，教材不仅需要有高质量的内容，更要求易读、易理解。因此，版面设计在此过程中发挥的作用不可小觑。通常，版面设计师在确定好版面的基本模型后，出版社会组织销售代表对其进行实地调查，或是邀请十几名教师召开会议收集意见，随后再对版面不断进行调整修改，以确保教材内容清晰明了。

（四）编辑加工阶段

一般来说，编者在9月份就能够完成教材文本的初稿。在此之后，编辑会进行数次审查和校对，除了关注文本的语言水平，还要核验教材中的习题，将出错率降到最低，更要确保教材与教学大纲的一致性，保证教材中没有出现违反道德及法律法规的内容。同时，在这一阶段，出版社专业的图像师和档案资料员会根据编者的要求，寻找或设计需要使用的插图。教材中使用的插图一般包括资料类图像和技术类图像两类。资料类图像包括文件、照片、表格、图示、艺术作品的翻印以及报纸、书籍等印刷物的摘录。图像师和档案资料员除了需要寻找原版图像，还要负责处理版权事宜。由于其独特的教育性质，教材中会引用大量的文献资料。以初中教材为例，每本教材会使用约300—400张图像资料以及等量的图表或地图，高中教材的这一资料引用数更多。许多图像或文本都价格不菲，例如，法国漫画家克莱尔·布雷彻（Claire Bretécher）一张小漫画的授权使用价格要几百欧元，皮尔·佩雷（Pierre Perret）的歌曲《莉莉》（Lily）的授权使用价格更是高达几千欧元。因此在挑选配图、处理版权工作的过程中，价格也是出版社考虑的重要因素之一。技术类图像包括平面几何图形、空间立体图形等。这类插图由专业的图像师直接通过电脑绘图软件绘制而成。这种类型的图像所要求的精确度极高，通常图像师在完成草图后还需要编者进行最终审核，待审核通过后才能够定稿进入排版流程。

次年2月，教材排版基本完成。教材草稿会在小范围内进行实地试验。试验结束后，编者会结合教师的建议，对教材的文本、图表、版面等进行最终修改。法国中小学一般会在5月份确定下一学年的教材使用情况，因此教材终稿必须在3月初敲定，4月底完成出版，以确保样书最晚能够在5月初寄送到教师手中。教材终稿的完成并不代表编写工作的结束，在这一阶段，编者还需根据教材终稿编写教师用书。虽然教师用书对版面设计的要求较低，但它需要囊括丰富的教材内容注解（如高二历史课的教师用书大概要编写800—900条注解）、教材练习答案和教材中课堂活动的相关建议，同样需要紧锣密鼓地开展编制工作。

（五）征订和印刷阶段

教材一经出版，出版社一般会通过委派销售代表、寄送样书和投放广告的方式对自己的教材进行宣传，以便能够扩大自己的市场占有率。首先，就出版社委派销售代表而言，各出版社一般会聘请具有教学经验的行业内人员作为其销售代表。他们一方面代表出版社向教师宣传讲解新版教材，另一方面收集教师对教材的意见并反馈至出版社。同时，销售代表还会定期组织图书展览会，或是参加大区教学资料中心或者省教学资料中心组织的展览会，宣传推荐本社出版的教材、教辅。其次，就寄送样书而言，小学的教材一般在3月底就可以出版，出版后市镇当局会编制下一学年的教材采购费用预算。在这一时期各出版社会开始寄送样书，不同出版社的寄送制度有所不同。例如，有的出版社会向编制多于4个班级的学校寄送样书，有的出版社则实行申请制。样书的寄送量不可小觑，以贝林（Belin）出版社为例，平均每种新出版的初中教材要寄送2万—3万本样书，高中每种新教材要寄送1.5万—2万本样书。除了法国本土，海外省以及国外的法国学校也都在出版社的宣传范围之内。最后，就投放广告而言，出版社一般都会在各大教师协会杂志上投放广告，以提高教材的知名度。

（六）教材修订阶段

教材出版后，编者的工作仍在继续。首先，尽管每本教材出版前都经过了数次校对和审核，但还是不免会出现错误。例如，德拉格拉夫（Delagrave）出版社2016年出版的职业高中高三年级的《历史—地理公民教育》教材中提到，"根据1905年的《政教分离法》，戴头巾的锡克学生被公立学校开除"，这混淆了1905年的《政教分离

法》和2004年颁布的《头巾法案》（La loi du 15 mars 2004）[1]。针对
教材中出现的问题，出版社会根据各方反馈意见，着手开展教材的
修订工作。其次，国民教育部会不定期地对某一门或某几门课程的
教学大纲进行局部修订，针对这种情况，出版社也要组织教材编写
团队对教材作出相应的调整。最后，如果新版教材在第一年的销量
不尽如人意，出版社会召开会议或开展调查，寻找原因，组织编者
对教材的内容进行再次修改完善。法国基础教育教材编制的流程见
表2-6。

表2-6　法国基础教育教材编制流程表

时　　间	项　　目
5月—6月	出版社组建作者团队
	确定教材编写规范
	拟定编写计划
7月—8月	撰写教材草稿
	设计版面模型
9月—次年1月	编辑对草稿进行审查校对
	修改教材草稿
	收集、设计所需插图
	排版
次年2月—次年3月	实地测试教材草稿
	修改并完成教材终稿

_____

[1]　参见：https://www.lemonde.fr/societe/article/2016/12/28/laicite-un-manuel-scolaire-pas-tres-orthodoxe_5054733_3224.
html.

（续表）

时　　间	项　　目
次年4月	印刷、装订、出版
	寄送样书
次年5月—6月	教师选择、订购教材
	出版教师用书
次年7月—8月	根据订单印刷教材

二、教材编写的受限

首先是出版成本对教材编写的限制。在编写过程中，出于成本的考虑，出版社会对教材页数、所引用图像等进行限制，这在一定程度上会影响编者的编写理念。比如，许多情况下为了节省页面空间，编者需要对措辞作一定的调整。又如，为了不让文本另起一行，人名"亚历山大"（Alexandre）会被替换成"阿里"（Ali）。

其次，教材编写者与教学大纲编制者之间缺乏官方的沟通渠道，这使得教材编写者无法完全理解大纲所要传递的信息。例如，2005年，历史教学大纲的编写者、总督学多米尼克·波恩（Dominique Borne）在接受采访时表示，将地中海描述为"7世纪文明的十字路口"毫无疑问是些许夸大了基督徒、犹太人和穆斯林在安达鲁西亚带有假想色彩的理想共居状态。一方面，多米尼克·波恩作为教学大纲的编制者，他的意见对于教材编写者来说尤为重要；但另一方面，其言语中的"些许夸大""理想"等词语都比较模糊，而教学大纲编制者与教材编写者之间又缺乏有组织的定期沟通。这种单向的信息传递无疑增加了教材编写工作的难度。虽然官方会发布大纲的解读性文件，但解读性文件通常会晚于教学大纲的颁布时间，无法完全按时服务于教材的编写工作。

再次，教材作为受众面极广的书籍，其中对于一些事件、机构、企业的描述会对青少年产生不可小觑的影响。为此，相关利益群体常常会对教材出版社和编写者施压。例如，法国-土耳其议会间小组（Groupe interparlementaire France-Turquie）曾向出版社致信数封，否认塔拉特·帕夏（Talaat Pasha）电报的真实性，将亚美尼亚大屠杀描述为"土耳其与亚美尼亚人之间发生的重要事件"，并质询出版社为何没有在该电报旁标注"文件真实性有待考证"的文字。此外，"前进巴勒斯坦"（Palestine en marche）组织也曾发起请愿，以教材中含有"种族主义、亲美和亲以色列"的相关内容为理由，要求阿歇特（Hachette）和阿提埃（Hatier）出版社2003版历史教材下架。

最后，随着文献资料的数字化，以及科研机构研究成果逐步对外开放，编者有更多途径收集文本类的资料，但可利用的图像资料很有限。以历史学科为例，由于技术方面的限制，一些图像在原稿保存方面存在质量问题。例如，20世纪60年代初照片彩色印刷的技术还不成熟，这一时期的图像基本上是以红色或者粉红色调为主，印刷视觉效果较差。另外，图像资料的匮乏不仅直接影响教材内容的丰富性，更关系到教材所传递的价值观。近年来，法国教科书中的男女不平等问题一直备受关注，图像作为教材中最吸引注意、最直观的组成部分，其对男女形象的刻画被视作改善这一问题的关键。但在现实中，可选用的一手资料有限无疑成为解决这一问题的障碍。

三、教材编写的创新

（一）法德共编历史教科书

历史学科不仅关系到民族文化的传承与民族精神的发展，还涉及国际关系和国土疆域等政治问题。从本国史的角度来看，历史课程作为"形成和传播集体身份、记忆和国家地位这些'官方知识'的重要领地"[1]，有利于培养学生的国家认同感和民族自豪感。从外国史的角度来看，历史教科书对他国历史的描述作为本国青少年了解异国的直接来源，深刻影响着青少年对他国的认知。战争作为人类社会发展到一定历史阶段的特殊社会现象，是历史中非常重要的组成部分。而带领学生回顾战争不在于铭记仇恨，而在于珍爱和平。因此，对于那些因为战争互相产生仇恨情绪的国家来说，共同修订历史教科书从而帮助青少年树立正确的历史观，成为新时代握手言和、消除偏见、共同维护世界和平的创新之举。

多国共编历史教科书的想法在第一次世界大战之后就被提出。早在1931年，德国波恩大学史学家提倡建立"德法关系共编教科书"，试图打破两国长年宿敌的印象，但到了1935年，此计划因第二次世界大战爆发而中断。[2]1951年，德法双方再次展开对话，均希望针对彼此教科书中的争议议题加以讨论，改进彼此教科书，化解原有的宿敌印象。同年，德法教科书委员会成立，并签订《德法欧洲史争议议题协议》（Franco-German Agreement on Controversial Issues in European History）。[3]虽然委员会会定期组织会议，对教科书中有关德法关系的历史事件进行讨论，但共编历史教材这一问题并没有实质性进展。直到2003年1月，在《爱丽舍条约》（Traité de l'Élysée）签署40周年之

[1] BENTROVATO D. History Textbook Writing in Post-conflict So-cieties: From Battlefeld to Site and Means of Conflict Transformation［C］Gewerbestrasse: Springer International Publishing AG, 2017.
[2] Defrance，C.仏独共通の歴史教科書—フランマとドイツの歴史家の協力の要石［M］.剣持久木，小菅信子，バビッチ リオネル.歴史認識共有の地平：独仏共通教科書と日中韓の試み.高畑史譯.東京：明石書店，2007.转引自李战胜，傅安洲.德法共编历史教科书的当代启示［J］.国家教育行政学院学报，2016（11）：88—95.
[3] 李战胜，傅安洲.德法共编历史教科书的当代启示［J］.国家教育行政学院学报，2016（11）：88—95.

际，法德两国青少年在德国柏林举行的法德青年论坛上再次提出了两国共编中学历史教材的倡议，希望能够以此促进两国之间相互了解，消除偏见。该倡议得到了时任法国总统雅克·勒内·希拉克和时任德国总理格哈德·施罗德（Gerhard Schröder）的积极回应和大力支持。该提案在同年10月即获得两国政府的正式批准。两国随即成立了法德共编教材委员会，委员会由10名法国专家和10名德国专家组成，其中法方负责人由时任国民教育总督学让-路易·南布里尼（Jean-Louis Nembrini）担任，德方负责人由时任法德合作条约文化事务代表克莉丝汀·克洛斯（Christine Klos）、时任德国联邦外交部文化和教育司副司长史蒂芬·卡维历耶立奇（Stefan Krawielicki）担任，委员会主要负责制定教材编写大纲。为了使教学大纲既符合法国教学大纲的需要，又能满足德国16个联邦州的教学大纲要求，委员会通过仔细对比两国历史教学大纲，寻找其共同部分作为新编大纲的基础，然后在此基础上再进行扩充。

委员会通过招标的方式，最终确定由法国纳唐（Nathan）出版社和德国柯莱特（Klett）出版社分别出版该教材的法语版和德语版。教材编写团队由5名法国专家和5名德国专家组成。教材中的每一章节都由一位法国专家和一位德国专家共同完成，其中主要作者负责编写，另一名作者起辅助作用，负责检查、校对、提供文献等工作。为了最大程度上减少语言障碍给教材编写带来的不便，参与编写的所有成员都要求掌握法、德两种语言。

在教材编写的过程中，双方不可避免地在一些历史评价上产生了分歧。例如，就美国在欧洲和世界扮演的角色而言，法国倾向于强调美国所奉行的单边主义以及文化帝国主义带来的危险，而德国则希望侧重展示美国帮助德国重建的过程。在遇到此类有争议的问题时，专家组并没有刻意寻求达成共识，而是保留了各自的观点，通过大量的史料（编者话语在整套书中只占到20%—25%），向学生呈现历史的多面性，让学生自己形成对历史的看法，而并没有去强加带有浓厚意识形态色彩的历史评价。用德国籍教科书研究所所长埃克哈特·福斯（Eckhardt Fuchs）的话表述就是，"对这些争议问题，我们会在教科书里加一个框，框里写着德国人怎么想这个问题，法国人又有哪些不同理解。我们鼓励学生对历史事件进行批判性的思考，不会只给一种答案。"[1]

　　该教材的法语版和德语版在内容和呈现方式（封面、版面、插图等）上完全一致。虽然是法德共编历史教材，但该部教材并不仅局限于两国的关系史。该套教材以时间为线索，共分三册，分别讲述了从古代到19世纪初、1815—1945年以及1945年以后的欧洲和世界史，供高一至高三年级学生使用。在两国历史专家的共同努力下，2006年第一册法德共编历史教材正式出版发行，并在法德两国的中学投入使用，成为世界上第一部跨国共编的历史教科书。截至2011年，该套教材已全部出版，并在2014年完成了再版。

　　在法德共编历史教科书的使用方面，日本静冈县立大学剑持久木教授在2007年，也就是第一册共编历史教科书正式出版发行的第二年，赴法德两国对该教科书的使用情况进行了考察。[2]我国的李战胜教授和傅安州教授在其《德法共编历史教科书的当代启示》一文中，对当时的考察情况作了详细介绍。总体上看，就在全欧洲范围内

---

[1] 埃克哈特·福斯.共同历史教科书如何可能？——以德国与法国、波兰共同历史教科书为例 [Z].北京：社会科学文献出版社文化沙龙，2013.
[2] 其中，法国选择了首都巴黎、法德边境城市斯特拉斯堡（Strasbourg）以及兰斯（Reims），德国选择了首都柏林（Berlin）、法德边境城市萨尔（Saarland）和波恩（Bonn）。

推广共编教科书这一问题而言，大部分法国学生持肯定看法（巴黎72.2%、汉斯71.4%、斯特拉斯堡66.7%），教师则希望能够增加与教材配套的教师用书。同样，大部分德国学生也对在全欧洲范围内推广共编教科书持肯定看法（柏林58%、波恩50%、萨尔68.7%）。而持否定态度的两国学生大多是担心使用共编教科书会削弱各自国家的文化特点。

（二）"包容书写"教材

2017年3月，阿提埃出版社根据法国男女平等高级理事会制定的书写标准，出版了法国第一本"包容书写"（écriture inclusive）教材《问世界》（*Questionner le monde*），供小学三年级使用。所谓"包容书写"，主要涉及写作语法上的男女平等。在法语中，大部分有关职业和头衔的名词都有阴性和阳性之分，例如男警察（policier）、女警察（policière）。在只提到这些职业与头衔，不特指男性或女性时，默认使用该词的阳性形式。如单指"警察"这一概念时，则默认使用其阳性形式"policier"。如果提到一个有男有女的集体时，则默认使用该词的阳性复数。但有些职业或头衔因为在历史上很少有女性成员，因此在正式法语中没有其阴性形式，如"作家"（écrivain）。"包容书写"则希望改善书写规则中这些阴性缺失和被代表的问题，减弱法语语法中"阳性至上"的理念。大体来说有主要有以下规则。首先，补全阴性缺失的职业和头衔名词，如增加"女作家"（écrivaine）一词。其次，在提到既有男又有女的集体时，要通过增加中间点的方式同时使用其阳性和阴性的复数形式，比如表示一群有男有女的警察，在教材中被写作"policier.ère.s"。

该教材一经出版就引起了社会热议。一方面，该部教材得到了女权主义者以及男女平权机构的高度赞赏与评价；但另一方面，这种书写模式不可避免地带来了辩读性问题，负责规范法语语言的法兰西学术院（Académie Française）认为，"包容书写"破坏了教材的易读性原则，不利于该年龄段学生的法语学习。

第三章

法国基础教育教材的出版与选用

第一节

法国教材出版与选用的历史

法国官方对教材的管理主要在于否决内容中出现违反道德、宪法及其他法律内容的教材。同时，国民教育部并不强制使用教材，教师享有教材选择权。是否使用教材，使用哪一家出版社的教材，均由教师决定。

实际上，法国这种较为自由宽松的教材管理制度并非一蹴而就，而是经历了由严逐渐放宽的过程。自法国大革命起，为了促进国家团结和民族团结，政府开始统一全国的教学内容，历任政府都将教材视作实现这一目标的重要工具。起初，政府通过公开选拔的形式组织人员编写官方教材，所有学校均需使用官方教材进行教学。但这一制度本身违反了1793年议会通过的有关知识产权的法律。迫于作者、书店以及印刷厂等利益相关者的压力，1802年，法国政府废除了只短暂实行了4年的教材国定制，将教材编写、出版权下放到了民间。

一、19世纪上半叶：严格的教材审定

教材编写、出版权的下放并不意味着国家放松了对教材的管控。19世纪初，法国通过成立文学委员会和数学委员会开始推行教材审定制，只有通过审定的教材才能够被列入学校教材候选清单，教师不得选用清单外的其他教材。1808年，这一权力转移到了大学委

员会[1]（Conseil de l'Université）。在王朝复辟时期，公共教育委员会
（Commission d'instruction publique）和大学委员会相继行使教材审定
权。如果学校希望使用通过审定外的其他教材，需上报委员会批准，
必要情况下需上报样书。1833年，《基佐法》（Loi Guizot）规定小学
教材管理实行双轨制度。公立学校教材依旧需要由政府任命的专家进
行事先审定，但私立学校可以自由选择教材，同时政府保留教材的否
决权。自1850年起，《法卢法》（Loi Falloux）将这一教材双轨管理制
度推广到了中学阶段。

同时，国家通过限制出版社的活动来间接对教材实施管控。为了
实现这一目的，首先，1821年，政府规定教材审定机构不再接收教材
手稿。这一看似无关紧要的规定让印刷书商成为作者和政府之间必不
可少的一环。作者因此不得不成为教材出版团队中的一员，其话语权
在一定程度上受到了削弱。同时，出版业受到了政府的严格控制。出
版社不仅要获取价格昂贵且数量有限的出版特许证，对于教育类出版
物来说，除了所有出版物普遍需要遵守的行政规则，在出版前还需要
提前上报内容简介。为了能够获得出版许可，为了能让教材通过审
定，出版社自然开始迎合当局的期望，作者作为出版团队中的一员，
权利进一步受到了限制。逐渐地，这一缺乏透明性的制度开始引发不
良竞争。19世纪30年代初，《基佐法》规定各市镇都必须开办一所小
学，这让出版社看到了极其可观的利润。为了取得地缘上的优势，各
大教材出版社纷纷开始在巴黎设立办公室，教材审定机构很快就被当
时最有影响力的几大出版社渗透。而那些仍旧在外省[2]的出版社由于

---

[1] 大学委员会为1808—1815年负责掌管法国公共教育的机构。
[2] 在法国，巴黎以外的地区均被统称为外省。

其教材不受重视，被迫逐渐退出了市场。法国教材出版业出现集中化的现象。

1865年，时任国民教育部部长的维克多·杜鲁（Victor Duruy）开始对所有年级的教材推行否决制，即教材的使用无须再得到政府的事先审定。大学区区长和学区督学分别负责监管辖区内的中学和小学教材，若教材中出现了违反道德、宪法和法律的内容，大学区区长或督学将上报至学区委员会或省委员会进行审议。同时，国民教育部每年会公布推荐教材名单，但并不强制使用。1875年，国民教育部发布通知，要求每年4月由校长组织教师对过去一学年使用过的教材进行总结，并一同讨论下一学年所要选用的教材，最终将教材选用清单上报至学区及国民教育部。国民教育部将组织总督学及其他人士成立委员会，对上报的清单进行审核。虽然教师在教材的选择上有了更大的余地，但鉴于国家对教材出版业的严格管控，实际上教材的管控权依旧牢牢掌握在政府手里。法国的教材出版也依旧集中在少数几家公司的手里，且巴黎成为教材出版社的聚集地。

二、19世纪下半叶：逐渐放宽的教材管理

直到19世纪80年代，这一教材出版集中化的局面才得以扭转。首先，1881年《出版自由法》的颁布减轻了出版社在行政方面的压力，同时降低了出版业的准入门槛。其次，自1833年《基佐法》规定小学教材实行双轨选用制度以来，法国的教材选用权就开始逐渐下沉，教师的专业意见越来越受到重视，其自由选择教材的权利最终在1881年被正式写入法律。与此同时，法国政府也在出台政策，逐步提高民众的识字率。尤其是1881年法国义务教育的推行更是为这一时期教材出版业的发展注入了强心剂。这一系列的有利因素不仅促使部

分出版社开始发展教材出版业务，更是催生了一批新教材出版社的成立，其中不乏如今法国教材出版业的巨头，如德拉格拉夫出版社（成立于1865年）、阿提埃出版社（成立于1878年）、纳唐出版社（成立于1881年）等。同时，出版社的增多自然带来了教材选择的多样化（见表3-1），从1868年的200种教材，到1878年的683种，再到1888年的744种，短短20年间法国的教材版本增加了2倍多。

表3-1　法国1867—1890年教材出版情况表

年份	教材出版数（部）	年份	教材出版数（部）	年份	教材出版数（部）
1867	188	1875	781	1883	933
1868	200	1876	835	1884	845
1869	184	1877	710	1885	865
1870	145	1878	683	1886	742
1871	118	1879	751	1887	688
1872	427	1880	734	1888	744
1873	602	1881	818	1889	569
1874	504	1882	805	1890	732

数据来源：CHOPPIN A. Le cadre législatif et réglementairedes manuels scolaires: De la Révolution à 1939[J]. Histoire De L'éducation , 1986, (29): 21—58.

三、20世纪初至第二次世界大战：机遇与挑战并存

《出版自由法》的出台、教师自由选择教材的实现，使得教师取代政府部门成为出版社的市场目标。为了能够扩大市场份额，出版社以教师需求为导向在管理方式以及产品上进行了变革。从这一层面上来说，教师确实在很大程度上有意或无意地引导了法国教科书的演变发展。一方面，出版社加大了面向教师的产品宣传力度，

通过在教学杂志上刊登广告、邮寄教材产品册和样书或者在教材中附上本社其他书籍简介等进行自我宣传；另一方面，为了满足教师的教学需求，出版社开始通过关注学习者来提高教材的教学性和可阅读性。首先，从内容角度来看，考虑到儿童的思维发展水平，出版社降低了小学教材中词汇的难度，减少了复杂句式，简化或者重写了经典文学作品。其次，在结构上提高了练习所占的比例，强化了教材的工具性。再次，不仅打破了之前较为单调的排版形式，通过版面的多样化来突出知识层次，从而便于记忆，而且教材中的图像被赋予了更多的教学功能，不再被单纯视作装饰物。更有出版社开始使用白色或者淡黄色的纸，并加大字号，以减轻师生的阅读疲劳。20世纪30年代，随着儿童心理学的发展，儿童不再被当作"小大人"，而被视为一个独立的群体，教材自此彻底摆脱了成人读物模式。之前劳动性强且带有鲜明性别色彩的活动（如帮助母亲打扫房屋）被游戏取代，关于现实环境的描述也让位于富有想象力的故事。

不过，19世纪末20世纪初法国教材出版业的发展也并非顺风顺水。虽然在法国大革命中，教会被剥夺了其在教育领域的权力，但教会并没有因此放弃争夺。自19世纪80年代起，政府与天主教会之间的斗争愈演愈烈。1882年在确立义务教育的同时，也确立了教育的宗教中立性。虽然私立学校依然可以传授宗教，但公立学校必须保持中立，因此在同一时期，出版社也要同时出版两种类型的教科书。但显然，政府和教会在教育这一关乎国民价值观的领域无法就这样"平分天下"。由于教科书独特的影响力，无论是教育世俗化的支持者还是反对者，都将其视为必争之地。1882年12月，4部在公立学校使用的公民教育教材因违反中立性原则，被公共教育部列为禁书。这一事件在法国历史上被称作"第一次教科书战争"。1905年，在政教分离法案投票表决的大背景下，政府与教会之间发起了"第二次教科书战争"：法国的红衣主教、大主教和主教联名写信，将14本教科书列为禁书。事实上，从1882年到1911年，公共教育部共否决了几十种带有偏见或宗教色彩的教材[1]。社会对此争议不断，教材出版社更是深受影响。其中，这一系列冲突直接给教科书的选用带来了变化。1913年7月，政府出台法令规定，允许子女在公立学校就读的父亲对学校选用的教材提出异议。虽然这一法令在生效后的几个月之内就被废除，但随即在第二年，政府又通过了类似的法令，赋予家长要求禁止某些书籍的权利。自此，家长也开始参与到教材的选用中，尤其是同一时期家长委员会的成立，进一步促进了家长对学校事务的参与。

四、第二次世界大战：教材审定卷土重来

如果说政府与教会之间的"教科书战争"对教材出版业的影响还是部分的，那么第二次世界大战对该产业的影响就是全方位的。第二次世界大战德国占领法国期间，为了防止教材中出现对德国人民或军队不利的言辞，德国政府对法国所有教材进行了系统性审查。据统计，这一时期共有86部教材被禁，250多部教材被迫作出调整修改[2]，法国教材出版业因此遭受沉重打击。尤其是纳唐出版社，由于其创始人费尔南·纳唐（Fernand Nathan）的犹太人身份，德国政府强行为该出版社指派了管理人员进行监管，出版社因此受到了重创。

---

[1] 1850年，《法卢法》规定，国家有权禁止违反道德、宪法及其他法律的作品。

[2] 参见：https://www.lesediteursdeducaion.com/pourquoi-des-manuels-scolaires/une-tradition-republicaine-de-j-ferry-a-nos-jours/.

五、20世纪下半叶：教材出版重新洗牌

第二次世界大战结束后，法国教材出版业进入了一个飞速发展的时期。1954年，法国教材出版营业额就已经占到整个出版行业的22%。[1]不过，20世纪60年代末，教材在教学方面所发挥的作用在"五月风暴"中遭受强烈质疑，并引发了社会激烈的讨论，给教材出版社带来沉重的打击，整个教材出版行业几乎重新洗牌。一方面，一些出版社在这一时期退出了教材出版市场，如马森（Masson）出版社、苏戴尔（Sudel）出版社；另一方面，部分出版社在合并的浪潮下进行重组。例如，1993年阿尔班·米歇尔（Albin Michel）出版社收购马尼亚赫（Magnard）出版社，1995年弗拉马利翁（Flammarion）出版社合并德拉格拉夫出版社，1996年阿歇特（Hachette）出版社合并阿提埃出版社，等等。

六、21世纪：教材出版逐渐复苏

进入21世纪以来，法国在国家层面重申教材在教学中的重要地位。2002年小学大纲中提道："教材必须再次成为学习的工具。教材为学生提供了独立思考和阅读的机会，这是知识点相对破碎的影印学案所无法替代的。"[2]2003年，学校评估高级委员会指出，学校成功的因素之一就在于选择使用内容丰富的教科书。[3]2004年，国民教育总

---

[1] 参见：https://www.lesediteursdeducation.com/pourquoi-des-manuels-scolaires/une-tradition-republicaine-de-j-ferry-a-nos-jours/.

[2] Ministère de l'Éducation nationale et de la Jeunesse. Horaires et Programmes d'Enseignement de l'École Primaire 2002.［Z/OL］. Base de donnée de Bulletin Officiel du Ministère de l'Éducation Nationale, 2002: 15［2020-02-05］. https://www.education.gouv.fr/bo/BoAnnexes/2002/hs1/hs1.pdf.

[3] DRECHSLER M. Manuels scolaires et albums augmentés: Enjeux et perspectives pour une pédagogie du 21e siècle.［M］Paris: Les Éditions Numeriklivres.2011: 25.

督学在预防犯罪的报告中敦促教师特别是刚入职的教师，应使用教材进行教学。[1]2008年，小学阅读大纲中指出："选用高质量的教材是阅读教学得以成功的保障。"[2]国家大力推荐使用教材，加上政府更为频繁地修订教学大纲[3]，使得法国的教材出版业逐步走向复苏。

第二节

法国的教材出版

一、商业类教材出版

虽然法国的法律规定，任何人都有编写、出版教材的自由，但由于教材短时大量印刷、需要特定销售渠道的特点，加之在教师自由选择教材的制度下需要提前进行大规模宣传，因此对于教材出版社的资金状况和发行配给能力都有一定的要求，教材的市场进入门槛较高。在这种情况下，法国教材出版业呈现出集中化的特点，实际参与者的

---

[1] DRECHSLER M. Manuels scolaires et albums augmentés: Enjeux et perspectives pour une pédagogie du 21e siècle.［M］Paris: Les Éditions Numeriklivres.2011: 25.

[2] LEROY M. Les manuels scolaires: situation et perspectives.［R/OL］. Base de donnée du Ministère de l'Éducation nationale et de la Jeunesse.2012: 27［2020-01-31］https://www.education.gouv.fr/sites/default/files/2020-02/rapport-igen-2012-036-les-manuels-scolaires-situation-et-perspectives-225073-pdf-32072.pdf.

[3] 以小学教学大纲为例，法国小学教学大纲修订的年份分别为1985年、1995年、2002年、2008年、2015年。

数量非常有限，大部分的市场份额被几大历史悠久的商业类出版社垄断。目前，法国从事教材出版的出版社主要包括阿歇特出版社教育分社（Hachette Education）、博达斯（Bordas）出版社、纳唐出版社、德拉格拉夫出版社、迪迪埃（Didier）出版社、福舍（Foucher）出版社、阿提埃出版社、伊斯特拉（Istra）出版社、马尼亚赫出版社、雷兹（Retz）出版社、贝林出版社、布雷阿尔（Bréal）出版社、勒利弗尔斯克莱赫（Lelivrescolaire.fr）出版社等，其中既有综合类的教材出版社，也有某学段、某学科的教材出版社。

（一）贝林出版社

贝林出版社成立于1777年，自19世纪上半叶起开始发展教材业务，是法国历史最悠久的教材出版社。主要出版从学前至高等教育阶段的教材教辅、课外读物以及各领域学术著作。该出版社于1877年出版的阅读教材《两个小孩的环法之旅》（*Le Tour de la France par Deux Enfants*）涵盖了公民教育、历史—地理、科学等多门学科，在100年间共售出840万册，是法国阅读教材史上的经典之作。[1] 如今，阅读科目的教材仍然是该出版社的核心品牌，近些年面向初高中学生的"布索勒"（Boussole）和"克莱希克"（Classico）系列阅读教材也都备受欢迎。随着国家大力发展教育数字化，2016年，贝林出版社相继开发了教材伴侣软件"Flash Belin"[2]、个性化数字题库"Cahiers Connectés"，以及免费向师生开放的贝林数字图书馆（Digithèque Belin）。

---

[1] 参见：https://www.belin-education.com/not-e-histoire.

[2] 该应用是贝林出版社针对其纸质教材开发的辅助软件，用户通过拍照就可以学习与课本有关的拓展内容，包括相关图片、音频、视频等。

（二）阿歇特出版社

阿歇特出版社1826年成立于法国巴黎，以教材出版起家，目前是法国传媒巨头阿拉代尔（Lagardère）旗下的综合性出版集团。它在美国、英国和西班牙等重要国际图书市场上共拥有150个品牌和分支机构，年出版图书1.8万余种，以教育类出版和大众出版（儿童、文学、生活类）为主。2010年，它与江苏凤凰出版传媒股份有限公司共同创建了凤凰阿歇特（Hachette-Phoenix）文化发展有限公司，开始进军中国市场。

阿歇特出版集团的教育业务规模庞大。一方面，该集团自主创立的阿歇特教育分社主要出版各科教材、教辅、暑期练习册、课外读物、词典、百科全书等，教育阶段涵盖幼儿园、普通中小学、适应性普通和技术教育学校[1]、职业高中、技术高中、大学预科和大学通识，平均每年出版1 000余部新书，[2]其出版的马莱–伊萨克（Malet et Isaac）系列高中历史教材曾长期占据法国高中历史课堂，成为20世纪法国历史教科书中的经典之作；另一方面，同样从事教材出版的法国阿提埃出版社、迪迪埃出版社、伊斯特拉出版社如今都隶属于阿歇特出版集团。2018年，阿歇特出版集团总营业额达到22.52亿欧元，其中教育类营业额为3.15亿欧元，约占集团营业额的14%，在集团各大业务板块中位列第二。[3]

（三）阿提埃出版社

阿提埃出版社成立于1880年。20世纪70年代末，阿提埃出版社在合并了迪迪埃出版社和福舍出版社后，成立了亚历山大·阿提埃出

---

[1] 法国适应性普通和技术教育学校主要接收在学习或者社会交往方面有严重障碍的学生。
[2] 参见：https://www.hachette-education.com.
[3] 参见：https://www.hachette.com/fr/une-histoire-un-avenir/les-chiffres-cles-2017/.

版集团。该集团于1996年被阿歇特出版集团收购。阿提埃出版社主要出版从学前到高中阶段各科教材、教辅、课外读物，同时也出版高等教育阶段面向高等技术教育和高等教育与教师学院的教材。长久以来，阿提埃出版社在课外读物出版领域都保持领先地位，其出版的"Annabac""Tout savoir""Chouette""Prépabac"等课外读物系列备受好评。2005年，出版社还成立了专门的青少年读物出版分支"青少年阿提埃"（Hatier Jeunesse）。

（四）纳唐出版社

纳唐出版社成立于1881年，现从属于法国艾迪帝司出版集团（Editis）。该出版社主要出版从学前到高中（包括普通高中和职业高中）阶段各科教材、教辅、儿童和青少年读物、工具书以及幼儿教育游艺品等。[1]2006年，出版社承担了法德共编历史教材法语版的出版工作，近年来也开始涉足高等教育和职业教育相关的教材。同时，纳唐出版社设有国际部，其出版物远销50余个国家，并与非洲国家、阿拉伯国家合作出版了数部中小学教材，平均每年在法国海外售出100万册书籍。[2]重视新技术在教学中的应用是纳唐出版社一直以来的传统，纳唐出版社的业务范围也因此更加广泛。早在20世纪上半叶，纳唐出版社就开始关注图像和语音在知识传播中的作用，是首批将图像引入儿童读物并进行彩色印刷的出版社之一。同一时期，该出版社还

---

[1] 纳唐出版社第二代领导人皮埃尔·纳唐（Pierre Nathan）是将游戏教学应用于幼儿教学的第一人，非常重视"游戏教学"，提倡"在玩中学"。该出版社早在20世纪上半叶就开始制作幼儿游戏教具，其所制作的"色彩对对碰""动物对对碰""花朵多米诺"等在幼儿教学中取得了极大成功。在相当长的一段时间内，法国幼儿游戏教学市场都被纳唐出版社一家所垄断。2014年，纳唐出版社与中国爱立方教育传媒股份有限公司联合开发了"边做边学"游戏教具，开始进入中国市场。

[2] 参见：https://editions.nathan.fr/droits-etrangers-foreign-rights.

自行或与其他公司合作生产教学用留声机、投影设备、显微镜等。直到今日，纳唐出版社依然保持对新技术的高度敏感。进入21世纪，纳唐出版社先人一步确立了数字化转型战略。2000年，纳唐出版社与博达斯出版社、西门子公司共同研发了法国第一代电子书包，随后又开发了诸多用于辅助教学的网站，在数字化教材、网络平台等领域积累了丰富经验。得益于此，如今除了互动式数字教材、电子书以外，纳唐出版社还提供多样化的数字教学服务，如搭建了小学教师交流平台"Léa.fr"、初中全学科网络练习平台"ViaScola"，并提供全国专业知识技能初步考核[1]（Évaluation initiale socle de connaissances et de compétences professionnelles）数字化解决方案，以及个性化儿童照片书籍定制网站"T'choupi et moi"等。

（五）德拉格拉夫出版社

德拉格拉夫出版社成立于1865年，专注于初高中及高等教育阶段职业教育、技术教育类教材教辅的出版。

（六）迪迪埃出版社

迪迪埃出版社成立于1898年，1978年被阿提埃出版集团收购，现隶属于阿歇特出版集团。主要出版语言类教材和中学阶段数学、数字科学与技术以及生命与地球科学教材。迪迪埃出版社从成立之初就一直专注于语言类教材的编写出版，与欧盟委员会（Conseil de l'Europe）及旨在促进法语传播的法国国际教育研究中心均有合作，在语言教材领域积累了丰富的经验。时至今日，语言类教材依旧是

---

[1] 对工作必备基本技能的考核，包括语言能力、计算能力、信息技术、学习能力等。

该出版社的核心业务，主要出版针对法国学生的中小学法语教材教辅，法国中小学外语类教材教辅（包括英语、中文、德语、阿拉伯语、西班牙语等），欧洲语言共同参考框架A1–C2[1]各级别对外法语（Français Langue Étrangère，FLE）[2]教材、教辅及课外读物，其中不乏用中文、英语、阿拉伯语、韩语等编写的教材。我国也引进了该出版社的多部法语学习类书籍。

（七）马尼亚赫出版社

马尼亚赫出版社成立于1936年，1993年被阿尔班·米歇尔出版集团（Albin Michel）收购。现主要出版从学前至高中阶段的教材教辅、课外读物以及青少年文学读物。

（八）福舍出版社

福舍出版社成立于1937年，20世纪70年代末与阿提埃出版集团合并，现属于阿歇特出版集团。该出版社从创立之初起就一直专注于高等教育及初高中阶段职业技术类教材教辅的出版。如今，福舍出版社还出版会计、公务员、护理、社工类等考试参考用书。

（九）博达斯出版社

博达斯出版社成立于1946年，现属于法国艾迪帝司出版集团，

---

[1] 欧洲语言共同参考框架：学习、教学、评估（Common European Framework of Reference for Languages: Learning, Teaching, Assessment）是欧盟委员会在2001年11月通过的一套为欧洲语言在教学、评量架构以及教材编写方面所提供的建议标准。将语言程度所应具备的听、说、读、写能力从低到高划分为了A1、A2、B1、B2、C1、C2六个等级，可用来评估语言学习者的学业成就。现已得到各国政府、企业与学术机构广泛认可。

[2] 这是面向非法语国家所进行的法语教学传播活动。

主要出版从学前至高中全学段、全学科的教材、教辅、工具书以及课外读物。近几年出版的自然科学类教材"Tavernier"（小学阶段）、"Lizeaux/Tavernier"（初中阶段）和"Lizeaux/Baude"（高中阶段）系列取得了很大成功。此外，博达斯出版社很早就开展电子教材的研究工作。早在2000年，其与纳唐出版社、西门子公司共同研发的法国第一代电子书包就开始在初四年级投入试验。

（十）布雷阿尔出版社

布雷阿尔出版社成立于1969年，现隶属于斯达迪拉玛（Studyrama）集团。在创立初期，该出版社主要出版大学预备班教材。从20世纪80年代末起，它开始涉足初高中教材领域，现主要出版中学、大学预备班及大学教材教辅，在经济、社会科学、历史—地理等科目上占有出版优势。同时，布雷阿尔出版社也出版哲学、经济、环保、职业教育等领域著作。

（十一）雷兹出版社

雷兹出版社成立于1975年，主要出版面向3—12岁儿童的课外读物、教育类、职业培训、卫生医疗行业等图书。

（十二）勒利弗尔斯克莱赫出版社

勒利弗尔斯克莱赫出版社成立于2009年，是一家年轻的教材出版社，主要出版初高中各科教材、教辅。与其他老牌出版社相比，该社的独特之处在于其教材编写模式。首先，该社的教材编写组人数众多，包括负责撰写章节的主要作者、提供顾问服务的"高级合著者"，以及负责实地测试后进行意见反馈的合著者三类。据统计，每部教材都要由50—250名作者合作完成。[1]其次，该社非常重视教师的实地经验，认为一线教师的工作经验最符合课堂需求，因此上述三类作者全部由一线教师担任。由督学以及学者组成的科学委员会在教材编写中只起到辅助咨询作用。虽然该社的资历尚浅，但其市场表现并不逊色。在其创立的第二年，该社的初中二年级语文、历史—地理教材就发行了约2.5万册。[2]2015年，法国国民教育部对初中教学大纲进行了修订，该社随即开始编写出版初中全科、全学段的教材，并在2016年新版初中教材的销售中取得了约10%的市场份额。[3]随着2019年高中教学大纲的修订，该社又开始涉足高中教材，在新版高中教材的销售中更是获得了普通高中16%的市场份额，与纳唐出版社和阿歇特出版社持平，上升势头迅猛。[4]

二、教师协会的教材出版

在法国，一部分非营利性教师协会也会编写出版教材。该类协会之所以从事教材的编写、出版，要追溯到教师协会网站的兴建。以学科为单位的教师协会性网站诞生于21世纪初，由教师个人网站发展而来。起初，建立个人网站的教师尚在少数，但彼此之间很快就建立了联系，并创立了自己的小团体。网站逐渐成为教师彼此分享经验、相互合作、资源共享的平台。但在网站建立初期，这种以学科为单位的协会性网站只是为了单纯满足教师间经验交流的需求，并没有涉及出版业务。

在同一时期，国民教育部也成立了教学资源共享网站。因此，这

---

[1]　参见：https://www.reformedulycee.fr.

[2][3][4]　参见：https://www.livreshebdo.fr/article/lelivrescolairefr-revendique-16-de-part-de-marche-au-lycee.

种依靠教师个人网站逐渐结盟的团体从一开始就没有得到官方教育部门的支持。不过，国民教育部成立的官方网站并非全国性的，而是以学区为单位进行了划分，并没有完全发挥出互联网资源开放共享的优势。加之该网站对发布内容的审核极其严格且程序烦琐，一般需要1—3个月的时间才能够正式发布。[1]因此，教师们都更偏向利用教师协会网站分享自己的教学资源。一时间，协会网站发展迅速。2003年国民教育总督导报告曾经提道："有越来越多的教师在各种网站上传自己制作的教学资料。"[2]

不过，由于没有来自政府部门的资助，资金匮乏很快成为这些教师协会网站不得不面对的问题。为了能够维系网站的正常运转，教师们开始寻求自筹资金的方法。其中，编写付费教学资料成为最可行、最能够满足需求的方式。出于此种考虑，教师协会开始自行编写教材及其他教学资料，并与出版社合作进行电子或纸质教材教辅的出版与销售[3]。

对于这些教师协会来说，它们的主要目标是协会的正常运转而非营利，因此其教材内容的电子版大部分对公众免费开放，只有纸质的教材、练习册以及光盘需要付费购买。但是协会通常会与其合作出版社协商，将售价压低至同类商品的市场价以下。例如，阿歇特出版社第四学段（初二、初三、初四）数学教材定价为27.9欧元。[4]相比之下，塞萨玛斯（Sésamath）教师协会同阶段数学教材定价只有

---

[1][2] COLLECTIF. L'école et les réseaux numériques (chapitre 5)［R］. Paris: Inspection générale. 2003:
       158.
[3]   例如，伟博莱特斯语文教师协会（Weblettres）自2006年起与罗贝尔出版社（Le Robert）合作出版
      纸质高中语文教材。塞萨玛斯数学教师协会先后与第五代数字出版社（Génération 5）以及马尼亚赫
      出版社合作出版中小学数学教材。
[4]   参见：https://www.enseignants.hachette-education.com/livres/mission-indigo-mathematiques-cycle-4-5e-
      4e-3e-livre-eleve-ed-2017-9782013953962.

20.5欧元。[1]协会依靠出版社根据教材销量所支付的特许权使用费来维持日常工作，尤其是协会网站的正常运转。长期以来，法国教材出版社过于商业化的特点经常受到诟病，而教师协会的这一做法赢得了许多教师的青睐。此外，商业化出版社的教材编写队伍一般由督学、学者、教师培训师以及教师构成。而教师协会的教材完全由一线教师编写。相比之下，许多教师都认为协会的教材更加纯粹，更符合实际教学需求。因此教师协会的教材在教师群体中赢得了较高的声誉。以塞萨玛斯数学教师协会为例，2008年，该协会网站每月的访客量超过100万，并有50万学生注册了其网站提供的"口袋数学"（Mathenpoche）[2]项目，累计售出约30万本纸质教材以及约35万本纸质练习册。[3]此外，该协会编写的2013版初一数学教材在其出版当年销售量位居同类教材第一。[4]

面对表现不俗的教师协会，传统教材出版社感受到了市场对于这种由一线教师编写而成、更贴近实际教学的教材需求，也开始纷纷行动。有的出版社开始寻求与教师协会合作，有的出版社开始扩大教材编写队伍中一线教师的比例，并更加注重在教材编写各环节中教师的反馈意见。还有效仿教师协会新成立的教材出版社，如勒利弗尔斯克莱赫出版社。该出版社模仿塞萨玛斯教师协会，招募了全部由一线教师构成的庞大教材编写队伍，且教材内容的电子版也对公众免费开

---

[1] 参见：https://www.enseignants.magnard.fr/livre/9782210106345-sesamath-cycle-4-2016-manuel-eleve.

[2] "口袋数学"网站由塞萨玛斯教师协会开发，旨在为初高中各年级学生提供丰富的数学练习及课程资源。详情可参见网站：https://mathenpoche.sesamath.net.

[3] DALLE J-M. La création de ressources éducatives par les communautés d'enseignants à l'ère d'Internet. Un point d'étape［J］. Les Dossiers de l'ingénierie éducative, 2009: 65.

[4] ABENSOUR, C. L'autoproduction en édition scolaire. Ou comment le geste de survie de quelques microstructures modifie la culture de l'édition scolaire［J］. Les Enjeux de l'information et de la communication, 2013: 14/1(1), 63—71.

放。但不同的是，塞萨玛斯教师协会始终将自己定位为非营利性的教师协会，而勒利弗尔斯克莱赫则完全是一家商业类教材出版社。

三、地方语教材的出版

同中国一样，法国也拥有丰富多样的地方语言。法国文化部的数据显示，法国本土有近20种地方语言。[1]这些语言并不是法语的变体，而是独立的、少数族群使用的语言。[2]其中，布列塔尼语（Breton）、巴斯克语（Basque）、奥克西坦语（Occitan）和科西嘉语（Corse）是使用人数较多的几种地方语言。虽然在历史上，法国曾为了增强民族认同感，维护国家的团结统一，长期打压地方语言的发展，但近年来，随着尊重文化多样性成为世界较为流行的价值观，法国的语言政策也有所松动。特别是2013年，《重建共和国学校的方向与规划法》（Loi d'Orientation et de programmation pour la refondation de l'École de la république）进一步提高了地方语、地方文化教学在法国教育体系中的地位。据法国基础教育司所做的调查，2013—2014学年，全法共有404 778名学生接受了地方语言文化教育，其中，小学生占比73%，初中生占比17%，高中生占比10%。[3]

一般来说，开设地方语言文化课程的有公立学校的双语教学班级、私立学校的双语教学班级以及地方语言学校。其中以地方语言学校为主，布列塔尼语学校（Diwan）、巴斯克语学校（Seaska）、奥克西坦语学校（Calandretas）等，都属于此类学校。这种地方语言学校

---

[1] 参见：https://www.culture.gouv.fr/Sites-thematiques/Langue-francaise-et-langues-de-France/Politiques-de-la-langue/Langues-de-France.

[2] 栾婷，傅荣.法国地方语言现状及地方语言政策分析［J］.法语学习，2017（04）：37—43+66.

[3] 参见：https://www.culture.gouv.fr/Sites-thematiques/Langue-francaise-et-langues-de-France/Politiques-de-la-langue/Langues-de-France.

大部分是与国家签订协议的私立学校，按照规定，国家承担学校教师的工资，同时学校需要按照国家颁布的教学大纲进行教学。在此类学校中，教师通常采用沉浸式的教学方法，所有科目全部使用地方语进行教学。但随着年级的增加，也会逐渐加入法语学科的教学。

为了满足上述三类学校教学的需求，法国会出版专门的地方语教材。中央政府对于地方语言教材的管理较为严格。首先，从出版机构来看，一般是由国民教育部下设的负责教学资源的全国教学支持与创新网络[1]学区分部成立公共出版社，负责组织地方语教材的编写和出版，[2]或者由国民教育部和地方语官方机构联合成立出版社，如负责巴斯克语教材编写出版的IKAS教学中心就隶属于国民教育部和巴斯克语言公共办公室。其次，从出版社具体人员构成来看，作为出版社的核心成员，此类出版社的编辑通常由出版委员会投票决定，而出版委员会一般都由政府人员组成，如大区督学、国民教育督学等。这样进一步确保了国家对地方语教材的管控。再次，从教材内容来看，为了满足公立、私立学校双语班级以及地方语学校的教学需求，地方语教材出版社会出版全科教材。但此类出版社真正需要编写的只有地方语的语言类教材。其他学科，如公民教育、历史—地理，按照要求全部直接翻译商业类出版社的教材，以确保内容的一致性。

四、中小学教材市场

总体上来看，法国中小学教材市场的竞争非常激烈，在教师自由

---

[1] 国民教育部的出版机构，主要负责编辑、制作、发行针对中小学教学工作者的教学和行政资料，其前身是国家教育文献中心。

[2] 如负责出版布列塔尼语教材的布列塔尼语教育出版社（Ti-Embann ar Skolioù，Maison d'Édition des Écoles de Langue Bretonne，TES）就是一家隶属于全国教学支持与创新网络雷恩分部（Canopé Rennes，Réseau de créations et d'accompagnement pédagogiques Rennes）的出版社。

选择教材的制度下，教师的选择即代表了全班所有学生的选择。尤其是近年来一些非传统教材出版力量的加入，使得教材市场的竞争更为激烈。但同时，这也是一个收益相对有保障的行业。从认可度方面来看，虽然法国并不强制使用教材，但教材的地位依然举足轻重。尤其是在中学阶段，绝大部分教师在教学时都会参考教材内容。从需求量方面来看，首先，相对其他欧盟国家来说，法国的生育率在欧盟一直处于领先地位。[1]加之法国6—18岁年龄段较高的入学率，近年来的入学人数又呈现出稳中向上的态势（见表3-2），因此在教材的需求总量上有一定的保障。[2]此外，政府给学校的教材拨款也在一定程度上确保了教材的需求。

表3-2　法国2014—2018年中小学入学人数表（单位：千人）

年份	小学	初中	普通及技术类高中	职业类高中	总计
2014	4 165.7	3 243.6	1 498.9	1 022.2	9 930.4
2015	4 193.0	3 229.8	1 550.9	1 020.6	9 994.3
2016	4 217.5	3 228.7	1 599.2	1 018.4	10 063.8
2017	4 210.4	3 342.3	1 630.5	1 012.8	10 196.0
2018	4 206.6	3 374.4	1 621.8	1 006.0	10 208.8

数据来源：Ministère de l'Education nationale. L'état de l'école 2019［R/OL］. Paris: Ministère de l'Education nationale, 2020［2020–02–20］. https://www.education.gouv.fr/sites/default/files/2020-02/depp-2019-etat-ecole-pdf-31835.pdf.

不过，教育改革、教材自由选用制度等众多不可控因素也给法国

---

[1]　法国全国统计及经济研究所数据显示，自婴儿潮结束后，法国生育率就趋于稳定，每年的新生儿数量约为80万。21世纪以来，法国的生育率在欧盟一直名列前茅，多次位列第一。
[2]　法国全国统计及经济研究所数据显示，2017—2018学年，除马约特（Mayotte）外法国本土及其他海外省6—11岁儿童的入学率为100%，12岁为99.5%，13岁为99.3%，14岁为98.8%，15岁为98.7%，16岁为95.8%，17岁为93.3%，18岁为79.2%。详情可参见：https://www.insee.fr/fr/statistiques/2383587.

教材市场带来了一定风险。首先，教学大纲改革的时间、变动的程度都属于政治决策范畴，对出版社来说难以作出提前判断。尤其是近年来，法国教育改革的频率越来越快，且步子越来越大，非常考验教材出版社的应变能力和自身实力。其次，虽然法国教师拥有选择教材的自由，但一般来说，教材的选择通常是学科组、家长等多方集体决策的结果；并且，为了方便管理，在一所学校内，同一个年级、同一个学科必须使用相同版本的教材。因此，那些非常具有创新精神的教材在集体投票选择的机制下通常处于劣势地位，市场表现也就不尽如人意。如何把握教材中的创新和传统的平衡也是出版社面临的考验。

具体到销售数据，法国大部分中小学实行教材循环使用制度，在教学大纲不做改动的情况下，一般一批教材要循环使用至少4年。教学大纲改革后，就要随即更换教材。因此教材出版业在不同年份之间的营业收入差距很大。教学大纲的修订是拉动内需的重要动力。例如，2016年，随着2015版小学、初中教学大纲的公布，纸质教材教辅类出版物营业收入达到了4.037亿欧元，占法国全部纸质出版物营业收入的38.9%，所占比例在所有的纸质出版物类别[1]中位列第二。[2]相比之下，在2018年这样一个没有任何教学大纲修订的年份，法国纸质教材教辅类营业收入降至2.852亿欧元，仅占法国全部纸质出版物营业收入的11.3%，在所有纸质出版类别中排名第五。[3]

---

[1] 法国出版业行业公会将所有出版物分为了以下13个类别：文学类，教材教辅类，字典百科类，文献资料类，科技、医学与管理类，艺术类，地图类，人文社科类，漫画类，宗教与秘传类，实用类，青少年类，文件、时事与论文类。

[2] Syndicat National de l'Édition. L'édition en perspective 2016—2017［R/OL］. Buchcontact. 2017［2020-02-01］. https://buchcontact.de/wp-content/uploads/2017/08/SNE-Rapport-dactivité-2016_2017.pdf.

[3] Syndicat National de l'Édition. L'édition en perspective 2018—2019［R/OL］. Base de donnée du Syndicat National de l'Édition. 2019［2020-02-01］. https://www.sne.fr/app/uploads/2019/06/SNE_RA_19.BAT_web_VDEF2_compressed.pdf.

作为欧洲第一个推行电子书包的国家，法国政府一直以来非常支持数字教材的发展。尤其是近年来，法国更是通过一系列政策加快了校园数字化建设。2015年，政府出台了"数字教育计划"（Plan numérique pour l'Éducation），计划在3年内投资10亿欧元以完善数字化教育资源与装备。按照国民教育部的安排，从2016年秋季入学起，开始逐渐分批次给初中学生配备移动数字设备。截至2018年秋季入学，初中阶段的学生都已配备有个人移动数码设备，并在初中阶段全面开始数字化教学。[1]在此影响之下，法国数字教材教辅营业收入近年来逐年上升且势头迅猛（见表3-3），不过，其在所有的数字出版物中所占比例仍然有限。

表3-3　2016—2018年法国数字教材教辅营业收入情况表

年份	营业收入（欧元）	较前一年上涨（％）	占所有数字出版物营业收入比例（％）
2016	612.3万	26.3	1.52
2017	846.2万	38.2	2.24
2018	898.1万	6.1	3.15

数据来源：https://buchcontact.ce/wp-content/uploads/2017/08/SNE-Rapport-dactivité-2016_2017.pdf. https://www.sne.fr/app/uploads/2018/07/RS18_BatWEBSignet-1.pdf. https://www.sne.fr/app/uploads/2019/06/SNE_RA_19.BAT_web_VDEF2_compressed.pdf.

五、其他出版要求

法国政府部门对教材的管理主要在于审查教材中是否出现违反宪法、其他法律法规及道德规范的内容。对其他青少出版物还会进一步加强管理。日常监督主要依靠督学、教师、家长及社会多方

---

[1] 邹润民.法国初中数字化教学计划即将启动［EB/OL］.中华人民共和国教育部留学服务中心.2017-02-02［2020-01-13］.http://france.lxgz.org.cn/publish/portal116/tab5722/info130982.htm.

力量。

教材要遵循国家对一般出版物的要求，书籍、期刊、小册子、版画、地图、明信片、乐谱、舞谱等印刷品在出版之前，出版社都需要向法国国家图书馆（Bibliothèque nationale de France，BNF）递送一份样书/样本以作备案，教科书自然也要遵循这一规定。递送时间最晚不能超过出版物的上市时间，寄送时需同时附上一式三份的申报表。无更改的再版出版物无须寄送。

除教科书外的其他青少出版物还要接受专门的出版前审查程序。青少年作为特殊群体，正处于世界观、人生观、价值观形成的关键时期，是非判断能力较弱，容易受到不良信息的误导。因此，各国都非常注重对青少年的保护，都会有意识地对青少年进行舆论和文化传播上的引导。法国也不例外。早在1819年，法国就颁布了世界上第一部《反淫秽法》。1949年7月，为了应对儿童出版物和连环画迅猛发展给青少年带来的影响，议会通过《关于面向青少年的出版物法》，建立起特别针对青少年的出版物特殊审查制度，不仅将受众主要为青少年的读物纳入监督范围，而且还包括对青少年有危险的所有出版物，[1]规定青少出版物在出版前，出版社除了要向法国国家图书馆呈递样书/样本外，还需向司法部下属的青少出版物检测与控制委员会递送2本样书/样本（教科书只需向国家图书馆递送样书，无须向该委员会递送）。青少出版物中若出现任何色情、道德败坏、煽动歧视仇恨、侮辱人格尊严、暴力行为、持有或贩运麻醉药品或精神药物及其他任何被认定为违法犯罪或可能损害儿童身心发育的内容，都将被查封和销

---

[1] 曾荣鑫.法国出版传播领域对未成年人的法律保护问题研究［J］.湖北民族学院学报（哲学社会科学版），2013，31（06）：134—137.

毁，并追究相关责任人的刑事责任。该委员会每年召开四次以上的会议，由行政法院的法官主持会议，成员有法官、国会议员、出版商、作家、青年团体、教育工作者和家庭协会代表等。其主要职责为：检查所有青少年出版物；对不健康的文字图片资料，有权直接向内务部报告；对青少年进口出版物进行审读并提出建议。[1]

第三节

法国的教材选用

一、教材的选择

国民教育部并不指定学校选用哪一家出版社的教材或者是否使用教材。教师在备课和上课过程中可以使用自编学案、学区或教育部官网上的教学资料及其他网络资源。但法国教师和学生整体上对教材的认可度依然比较高。尤其在中学阶段，据2018年教育出版社协会公布的数据[2]，法国全国约有91%的高中生拥有纸质教材，30%的高中生拥有电子教材，科目主要集中在语文、数学、英语等必修科目；有93%的高中生会在家使用教材，主要用来寻找确切信息，帮助理解内容或者补充课程以及准备高考；

[1] 张书卿.法国对一般出版企业和青少年出版企业的管理做法 [J].出版发行研究，2004（06）：16—17.
[2] 参见：https://www.sne.fr/app/uploads/sites/2/2018/08/Dossier_de_presse_complet-1.pdf.

有73%的教师会使用教材备课，62%的教师会在课堂中使用教材。由此可见，教材在所有类型的教学资源中依然占据难以撼动的地位。

法国在1985年8月出台的第85-924号法令规定，教材选用过程中，教师要以学科为单位，在校长的主持下，与学校理事会[1]共同商议选择教材的原则（如价格、教材确定的具体时间等）。学校理事会有权对教材选用的原则发表意见，在教材选择会议结束后，学校须将会议的具体情况，包括参会人数、投票情况、已达成一致的教材选择原则上报至学区。但最终还是由各学科教学组共同确定教材的具体版本。一般来说，为了方便教材管理，在一所学校内，同一年级同一学科选择同样版本的教材。当然，教师也完全有权利不使用教材，是否使用教材完全取决于教师的课堂规划。对于那些希望在教学中充分发挥个人科研能力、寻求在教学方法上拥有更大自由度的教师来说，因地制宜的教学材料更能够满足他们的需求。尤其是在实行全科教学的小学阶段，使用教师的自编学案更有利于开展跨学科的综合性学习。因此，在课堂中不使用教材的教师并不少见。

关于教材选择的标准，1986年3月政府发布了有关初中教材选择的通报。虽然该通报只针对初中阶段，但随后国民教育部也公开表明，这一原则同样可适用于其他教育阶段。具体来看，首先，教材内容须切合教学大纲，并能够达到培养学生逻辑思维，培养学生书面、口头及图像表达能力，养成个人学习习惯的目标。其次，教材的内容

[1] 法国现行教育法第D422-17条规定，学校理事会要对教材、软件及教具的选定原则发表意见。D422-12条规定，初高中理事会成员包括校长、副校长、主任、高级顾问、特殊教育负责人（初中）、基建负责人（高中）、省一级代表（初中）、学区一级代表（高中）、3名机构所在市镇的代表、1—2名行政管理人员代表、10名当选的学校代表（7名教师、3名教辅人员）、10名当选的学生和学生家长代表（初中7名家长代表和3名学生代表，高中5名家长代表和5名学生代表）。D411-1条规定，小学理事会成员包括校长、市长或其代表、1名市议员代表、教师代表、教辅代表、选举产生的家长代表（人数与班级数相等）、1名省教育局代表。

及整体构思规划应有助于学生开展跨主题学习。再次，教材的知识内容、练习以及方法应科学严谨。最后，教材的选用标准还应包括内容保持客观、尊重不同的观点、无性别及种族歧视、简洁明了、语言正确且质量较高、文献和图像质量高且贴切性强等。[1]当然，在教材选择过程中，价格也是需要考虑的重要因素之一。

除了以上这些大方向上的选择标准之外，一些具体到学科教学内容、教学法上的选择标准对教师来讲更有实际参考价值。官方偶尔会以指南的方式对某一学段、某一学科教材的选择提出建议。

例如，在中央一级，国民教育部下属的全国教学支持与创新网络在2018年组织了学区、国民教育科学委员会等部门的专家以报告的形式指导教师如何选择阅读教材。这部名为《阅读教学与教材：如何选择？》(*Pédagogies et manuels pour l'apprentissage de la lecture: comment choisir ?*) [2]的报告共分为三个部分。在第一部分中，报告简要总结了有关阅读学习机制的相关知识，并分析了教材在阅读教学中的作用。在第二部分中，报告研究了在数字化的背景下，教科书的使用、影响及其前景。在前两部分的基础之上，鉴于小学一年级阅读教学的难度及其重要性，报告以一年级为例进一步提出了一系列指导阅读教材评价、选择的原则及具体框架（见附录3）。最后，在第三部分中，报告以巴黎学区为例，介绍了该学区在2017—2018学年开展的阅读计划中，教材的选用标准及最终选定的5本教材。虽然明确标注了被选定教材的名称、出版社等具体信息，但专家组同时指出，尚未对这些教材的有效性进行随机评估，以明确官方对教材选择的中立态度。

---

[1] 参见：https://eduscol.education.fr/numerique/dossier/lectures/manuel/cadre-reglementaire/choix-des-manuels.

[2] 读者可通过以下网站获取报告电子版：https://www.reseau-canope.fr/fileadmin/user_upload/Projets/conference_role_experimentation_domaine_educatif/MANUELS_CSEN_VDEF.pdf.

在学区层面，有的学区也会组织督学等专家编写教材选择指南，为教师提供教材选择的思路，如里昂学区（Académie Lyon）2018年公布的第三学段数学教材选用指南（见附录4）。但在教材出版自由、选用自由的制度之下，这种带有官方色彩的教材评价标准数量极少，大多数是为了回应学区内部教师的需求而编写的针对特定年级、特定学科的教材评价标准。

二、教材的采购

自法国实行义务教育制度以来，中小学教材费用的支出主体逐步从家庭走向政府。现在，法国大部分中小学的教材都由各级政府部分或全额资助，具体的资助主体、资助金额根据不同学段、地区而有所差异。

（一）小学阶段

法国从未出台任何法令规定政府需要承担小学的教材费用，但传统上，这部分费用主要由市镇政府负担。从历史上来看，1833年《基佐法》颁布后，市镇政府开始承担贫困家庭的小学教材费用。自1890年起，法律又进一步规定市镇政府需要为学生购置学习用品。虽然没有明确要求必须购买教材，但教材作为教学中重要的参考资料，基本都会被学校列入选购范围。也就是从那个时期起，虽然没有明确规定，但实际上市镇政府已经开始为小学教材的采购提供资助，同时也开始实行循环使用的教材出借制度。市镇政府资助小学教材的传统由此而来，并延续到了今天。虽然时至今日市镇政府依旧没有承担小学教材费用的义务，但大部分市镇政府还是会根据情况部分或者全部为小学教材购买提供资金支持。

现在，从资助的方式上来看，法国大部分市镇政府会根据学生人数直接向学校拨款。但在很多情况下，这一部分费用依旧并非教材专款，而是一种给学生的开学补助。学校可用于购买教材、文具等学生必备的开学用品。从资助的具体金额来看，在市镇政府开始实行资助政策的初期，法国每版教学大纲的有效年限很长（例如，1882年颁布的小学教学大纲一直到1923年才被新版教学大纲代替，之后又一直到1938年才再次编订了新版大纲[1]），加之教材循环使用制度的实行，这种资助并不会给市镇政府带来太大的经济压力。但近些年来，面对信息总量的加速膨胀，教学改革的速度也因此在不断加快。这就意味着教材淘汰的速度将越来越快，这给市镇政府带来了不小的财政压力。

（二）初中阶段

法国初中的教材费用由国家承担。自1964年起，中央政府通过向家庭发放一次性津贴的方式，开始部分承担初中教材费用，学生在当时既享有教材使用权，同时也享有教材的所有权。1975年《哈比法》（Loi Haby）明确规定，自1977年起国家全部承担初中的教材费用。中央政府按照学生人数直接向学区拨款，学区再向各初中拨款。同时开始实行教材循环使用的免费租赁制度，即教材归国家所有，学生仅保有使用权。一套教材平均需要循环使用4年。

2015年，法国首次一次性修订了初中所有年级、所有科目的教学大纲，这意味着初中所有的教科书都需要更新换代。法国每本初中

---

[1] CHOPPIN A. L'édition scolaire française et ses contraintes: une perspective historique ［M］// BRUILLARD E. (dir.) Manuels scolaires, regards croisés. Paris: CRDP, 2005: 40—53.

教材的价格一般为20—30欧元。这给中央政府带来了巨大的财政压力。国民教育部在两年内投入了约2.6亿欧元完成了初中所有教材的更换。[1]具体来看，按照教学的轻重缓急，在2016年开学时首先更换了初一到初四年级语文、数学、历史—地理教材，以及初一的科学教材和初二的第二外语教材。2017年开学时更换了其余科目的教材（见表3-4）。这样一方面有效缓解了政府的财政压力，另一方面也给出版社留出了足够的教材编写时间。

表3-4　2015版大纲初中教材更换情况表

科目	初一	初二	初三	初四
语文	2016年	2016年	2016年	2016年
数学	2016年	2016年	2016年	2016年
历史—地理	2016年	2016年	2016年	2016年
外语	2017年	2017年	2017年	2017年
第二外语	—	2016年	2017年	2017年
科学与技术	2016年	—	—	—
生命与地球科学	—	2017年	2017年	2017年
物理—化学	—	2017年	2017年	2017年

注：第二外语、生命与地球科学、物理—化学仅初二至初四年级开设，科学与技术仅初一年级开设。

（三）高中阶段

法国的高中教材费用长期以来都是由家庭承担的。在1998年，中

---

[1] SENAT. Projet de loi de finances pour 2017: Enseignement scolaire［R/OL］. Base de donnée des rapports de Sénat. 2016-11-24［2020-01-17］. https://www.senat.fr/rap/a16-144-3/a16-144-3_mono.html#toc49.

央大区（Région Centre）率先开始资助高中教材。随后，1999年上诺曼底大区（Région Haute-Normandie）、2000年普罗旺斯—阿尔卑斯—蓝色海岸大区（Région Provence-Alpes-Côte d'Azur）、2001年法兰西岛大区（Région Ile-de-France）、2002年罗纳—阿尔卑斯大区（Région Rhône-Alpes）相继开始颁布政策为高中生提供教材补助。其中，法兰西岛大区是第一个实行教材完全免费的大区。截至2002年，法国有约43%的高中生享受到了教材资助政策。[1]随后，其他大区也陆续颁布了类似的政策。2004年，法国本土除科西嘉（Corse）外的大区全部实行了教材资助政策，但后来有的大区有所间断。近年来，法国本土的所有大区都实行了高中教材资助政策。但资助的具体金额和具体形式甚至当年是否继续实行这一政策，会受到多方面因素的影响，如地方政府换届，教学大纲改革带来的教材大批量更换，以及教材价格的变动等。大区内部不同类型学校、不同年级的资助金额也会根据实际情况有所区别。

总体来说，从资助的金额来看，有小部分大区全额承担了高中教材费用，其他大部分大区则或多或少地实行部分资助政策。但一般来讲，全额承担高中教材费用的大区，同时也会实行教材的循环使用制度。也就是说，学生只有教材的使用权，并没有所有权，一般循环教材的使用年限至少是4年。从资助的具体形式来看，全额承担高中教材费用的大区会直接根据学生人数向学校拨款。实行部分资助的大区或者根据学生人数直接向学校拨款，或者通过大区学生卡以图书购买券的方式直接发放至学生个人，学生可凭券去合作书店购买，或通过家长联合会订购。

---

[1] 参见：https://www.lesediteursdeducation.com/app/uploads/sites/2/2018/03/act-15-f1-Enquete financementmanuels.pdf.

　　2019年，新版高中教学大纲颁布。考虑到法国2021年的新高考改革，2018年及以后入学的普通类以及技术类高中生自2019年起都需要使用新版大纲教材。也就是说，在2019年秋季入学时，高一和高二年级的学生要全部配备新教材，2020年新高三年级学生也要全部配备新教材。面对这样大规模的教材更新换代，不同大区采取了不同的措施（见表3-5）。几个一直全额承担教材费用的大区依然延续这一教育优先的传统，如法兰西岛大区、卢瓦尔河大区（Région Pays de la Loire）、普罗旺斯—阿尔卑斯—蓝色海岸大区。还有的大区临时提高了教材资助额度，如诺曼底大区的资助额度从之前每人70欧元提高到了每人120欧元。不过，也有降低资助额度的大区，如布列塔尼大区。

　　无论是全额承担还是部分承担，对于大区来说，教材资助费用都是一笔不小的支出。以法兰西岛大区为例，该大区拥有670所高中，约26万高中生。在此次教学大纲改革需要更换全套新教材的情况下，每人每学年的教材费用为180—250欧元，大区平均需要为每名学生投入340欧元，3年[1]共计需投入1.5亿欧元。[2]而实行部分资助的大区虽然不需要短期大规模的投入，但每年都需要一定量的支出。例如，在不进行教学大纲改革的年份，诺曼底大区每年向每名学生资助70欧元。大区每年的教材资助费用在550万欧元左右。而在2019年大纲修订后，该大区将资助金额提高到120欧元，教材资助费用达到920万欧元。[3]为了帮助大区缓解由于集中更换教材带来的经济压力，2020

---

[1] 职业类高中只有2019年及以后入学的学生使用新大纲，即2019年只更新职业类高一年级学生的教材，因此各类型高中教材全部更新完毕需要3年时间。

[2] 参见：https://www.iledefrance.fr/manuels-scolaires-des-lyceens-gratuite-pour-tous-et-virage-numerique.

[3] 参见：https://www.francebleu.fr/infos/education/la-region-normandie-augmente-son-aide-a-l-achat-des-livres-scolaires-des-lyceens-1558370583.

表3-5 2019年法国本土大区高中教材资助情况表

大区	普通高中	技术高中	职业高中
奥弗涅—罗纳—阿尔卑斯大区（Région Auvergne-Rhône-Alpes）	●高一、高二： 通过网站申请"大区通"（Pass'Région），凭借此卡直接在学校免费领取教材。 ●高三： 原罗纳—阿尔卑斯大区所辖省份[1]：通过网站申请"大区通"，凭借此卡在合作书店或者家长联合会（Association de parents d'élèves du lycée）组织的二手书店内购买教材可享受70欧元优惠； 原奥弗涅大区所辖省份：通过网站申请"大区通"，凭借此卡直接在学校免费领取教材。	通过网站申请"大区通"（Pass'Région），凭借此卡直接在学校免费领取教材。	●高一： 原罗纳—阿尔卑斯大区所辖省份：通过网站申请"大区通"，凭借此卡在合作书店或者家长联合会组织的二手书店内购买教材可享受100欧元优惠； 原奥弗涅大区所辖省份：通过网站申请"大区通"，凭借此卡直接在学校免费领取教材。 ●高二、高三： 原罗纳—阿尔卑斯大区所辖省份：通过网站申请"大区通"，凭借此卡在合作书店或者家长联合会组织的二手书店内购买教材可享受50欧元优惠。 原奥弗涅大区所辖省份：通过网站申请"大区通"，凭借此卡直接在学校免费领取教材。
免费提供教材 中部—卢瓦尔河谷大区（Région Centre-Val de Loires）	通过向学校拨款，免费提供教材。	免费提供教材。	
法兰西岛大区	通过向学校拨款，免费提供教材。	免费提供教材。	

[1] 2015年，法国进行了行政大区合并，由原来的22个大区合并为了13个大区。受此影响，目前奥弗涅—罗纳—阿尔卑斯大区、大东区还在并行多种教材资助政策。

（续表）

	大 区	普 通 高 中	技 术 高 中	职 业 高 中
免费提供教材	欧西塔尼亚大区（Région Occitanie）	学生凭借青年卡可免费使用电子或者纸质教材，大区根据学生人数直接向学校拨款。		
	卢瓦尔河地区大区	通过向学校拨款。	免费提供教材。	
	普罗旺斯—阿尔卑斯—蓝色海岸大区	通过向学校拨款。	免费提供教材。	
部分资助教材	新阿基坦大区（Région Nouvelle Aquitaine）	学生首先在线上申请，待学校审核通过后将获得200欧元的教材电子券和20欧元的图书电子券，凭购物券可直接自行到到合作书店购书，也可以通过家长联合会购书。		
	勃艮第—弗朗什—孔泰大区（Région Bourgogne-Franche-Comté）	按照每名学生40欧元的标准，大区直接向学校拨款。		
	布列塔尼大区（Région Bretagne）	按每人20欧元的标准直接向学校拨款。		
	大东区[1]（Région Grand Est）	• 原洛林大区（Région Lorraine）所辖区域：高一、高二、高三学生每人补助100欧元；		• 原洛林大区所辖区域：高一、高二、高三学生每人补助40欧元；

[1] 大东区在2017年启动了"高中4.0"（Lycée 4.0）数字教材项目，预计在三年内给大区内所有高中配备数字教材设备。对于已经配备了数字教材设备的高中，大区将全部承担数字教材购买的费用。这里针对的是尚未安装数字教材设备、仍需使用纸质教材的高中。

（续表）

	大　区	普通高中	技术高中	职业高中
部分资助教材费用	大东区	• 原香槟—阿登大区（Région Champagne-Ardennes）所辖区域：高一学生每人补助100欧元，高二学生每人补助80欧元； • 原阿尔萨斯大区（Région Alsace）所辖区域：高一、高二、高三学生每人补助100欧元。		• 原香槟—阿登大区所辖区域：高一、高二、高三学生每人补助80欧元； • 原阿尔萨斯大区所辖区域：高一、高二、高三学生每人补助70欧元。
	上法兰西大区（Région Hauts-de-France）	• 高一：通过申请大区学生卡，学生可获得100欧元补助。	• 高二、高三：通过申请大区学生卡，学生可获得55欧元补助。	
	诺曼底大区（Région Normandie）	通过申请诺曼底大区学生卡，可获得120欧元教材资助。		

注：该表按照法国大区首字母由A到Z进行排序。

年1月，国民教育部、公共财政部以及法国大区协会联合出台政策，允许大区将教材购买费由以前的经常性费用改记为投资费用，以此来鼓励大区资助高中教材的购买。

三、教材的学校管理

获得政府全额教材资助的中小学一般要实行教材循环使用制度，学生只有教材的使用权，并没有所有权。一般来说，学校校长、教师以及档案资料员会共同开展教材的管理、分发以及回收工作。档案资料员承担主要工作，负责制订教材分发方案、教材库的管理以及教材使用说明的起草等。法国这一教材循环使用制度自1977年起开始全面实行，[1]虽然工作较为烦琐，但多年的经验积累加上新技术在管理中的应用，至今已经形成了一套相对固定且高效的流程。其中，专业教材管理软件，如"BCDI""Hibouthèque""GemaSCO"等，[2]现已成为中小学教材管理中必不可少的辅助工具。具体而言，在开学前，各班的班主任会通过资料管理系统进行登记，随即将新学期需要的教材借出并分发给学生，其间会记录学生姓名以及教材状态（见附录5）。同时，学校会在教材发放时收取一定的押金，[3]待归还时检查无误再予以退回。学校一般要求学生不能在教材上做任何笔记或勾画，学生本人对教材全权负责。如有学生在学期中转学或者退学，需及时归还教

---

[1]　参见：https://www.lesediteursdeducation.com/pourquoi-des-manuels-scolaires/une-tradition-republicaine-de-j-ferry-a-nos-jours/.

[2]　"BCDI"与"Hibouthèque"为全国教学发展与资源网络开发的资料管理系统，"GemaSCO"为法国政府公共事务现代化项目开发的教材专业管理系统。其中，"BCDI"和"GemaSCO"主要针对初高中阶段的资料管理，"Hibouthèque"为小学阶段专用。这三款软件在法国现都已获得了较为广泛的应用。尤其是"BCDI"，据全国教学发展与资源网络官方统计，全国有超过8 000所初高中都在使用这一软件进行资料管理。

[3]　押金金额多少由学校决定，一般不会超过300欧元。

材。在学期末，一般由校长规定具体的教材归还时间，班主任或者学生本人会直接将教材归还至学校的教材库。对于损坏严重或者丢失的教材，学校会根据损坏程度及教材已使用年限，部分或全部扣留学生在学期初缴纳的押金。如果学生希望利用假期继续学习，需要延长教材使用时间，一般需再次缴纳一定量的假期押金。教材全部入库后，档案资料员会根据教材缺损数量向出版社订购一批新教材以补充库存。如遇教学大纲修订，学校会重新更新教材库。因此，每一次大纲修订都会集中产生大量的废弃教材。针对这部分被淘汰教材的处置问题，出版社和大区近年来也发起了各种回收项目。[1]

---

[1] 2016年，贝林出版社联合威立雅环境公司（Veolia）创立了"生态行动"（ecogeste）废旧教材回收项目。目前，已有越来越多的出版社加入该项目。除此之外，法兰西岛大区于2019年宣布，大区将回收所有被淘汰教材，并将其分发给与该大区有合作关系的海外法语高中。

第四章

法国的数字教材

第一节

法国数字教材发展背景与政策

一、数字教材发展背景

（一）从纸张到电子的需求

1. 书包重量问题

步入 21 世纪以来，学生书包的重量问题引起了法国教育界的广泛关注。其中，初一、初二年级的学生由于课程数量增加，受影响最大。2008 年，国民教育部发表了有关书包重量的政府公告，要求学区区长、督学、校长采取切实可行的短期书包减重方案，同时明确，国家将与教育出版社、技术公司等合作，寻求长期解决方案。其中，电子书包和教材的数字化由于其携带方便的特点被寄予极大的期望。法国作为欧洲第一个推行电子书包的国家，在该领域的研究起步较早。早在 2000 年，法国纳唐出版社、博达斯出版社、西门子公司就共同研发了法国第一代电子书包，并进行了实地试用。因此法国在该领域积累了众多经验，具备了进一步推广的基础。

2. 大批量影印对环境和经济造成影响

非纸质媒体的优点之一是可以极大地减少学校的纸张消耗，学生通过使用计算机或阅读器即可访问教学资源的相关页面，在大量减少影印件的同时也节省下一笔不小的费用。国民教育部总督导办 2010 年的报告强调，"基础教育阶段的教师在备课时通常会参考几本教材以及其他资料。在需要时，还会利用网络资源加以补充。这些资料通常以影印件的形式分发给学生，由此产生的巨额费用非常引人注目。"[1]

除此之外，在影印过程中还会产生因复制受版权保护作品而产生的相关费用。[2]法国版权中心的数据显示，法国国民教育阶段有80%的影印原件均为教材[3]，因此专利费支出数额巨大。2008年，法国初、高中年度专利权使用费高达1 050万欧元（含税），2009年这一数字为1 040万欧元（含税），2010年为1 030万欧元（含税）。

虽然专利权使用费由国家来支付，但学校需要自行承担影印的技术费用，包括购买或租赁机器、日常维护、耗材、维修等费用。据估计，法国所有初中和高中一年此项费用总额可达9 400万欧元。从国民教育部总督导处2010年报告中的示例来看，在一所拥有10个班级的小学中，影印所产生的费用要占到学校总预算的21.5%、物资预算的39%，[4]显然，这已成为学校沉重的负担。而新技术在课堂中的应用会显著减少这部分开支，法国苏瓦松镇（Soissons）一所小学的校长表示，单是交互式白板的使用就使其影印开支减少了5倍。[5]

影印机的过度使用与借助分散资源构建个性化课堂的教学活动有关，但这一行为不仅容易受到环保主义者的批评，而且费用高昂，还会对教育类出版社的发展产生不良影响。

---

[1][4] SERE A, BASSY A-M. Le manuel scolaire à l'heure du numérique-Une «nouvelle donne»de la politique de ressources pour l'enseignement [R/OL]. Rapport n° 2010-087 de l'IGAENR et de l'IGEN adressé au ministre de l Education nationale. 2010-07-01 [2020-02-04]. http://lesrapports. ladocumentationfrancaise.fr/BRP.114000048/0000.pdf.

[2] 根据法国版权中心的数据，这些专利权使用费中的20%与教育性数字副本有关。

[3] 参见：http://eduscol.education.fr/dossier.

[5] 苏瓦松镇小学校长卢多维克·布莱泽特（Ludovic Bleuzet）的话语，来自奥热丽·朱利安（Aurélie Julien）的线上文章《数字学校指南》，此文于2011年5月30日发布在Educavox.fr（http://www. educavox.fr/Le-guide-de-l-ecole-numerique.）。

而数字教材在面对由影印带来的问题时显现出了明显优势。首先，从环保的角度来看，数字教材的投入使用必然会带来影印纸张量的大幅下降。其次，从资料角度来看，数字教材的内容足够丰富，教师可以在其中找到需要的东西，并通过功能强大的工具来管理此类资源，进而鼓励线上阅读和工作，满足教师的个性化课堂需要。最后，从经济的角度来看，与高昂的版权费用和影印支出相比，数字教材虽然前期购买设备的投入较大，但从长远来看则是更加经济的选择。

3. 内容固定的纸质资源更新较快

纸质教材的第三个问题是此类介质的生命周期较短。教学法和课程的频繁调整使得纸质教材过时较快，必须定期更新。相较于通过数字渠道可获取的丰富资源以及其对时事的快速响应能力，纸质教材内容的"固定性""滞后性"成为其无法弥补的缺陷。

（二）回应教学过程中的新需求

在法国，教师具有自由选择教材的权利，教师是教材选择的主要决策者。因此教材出版社在教材内容设计上会更多地考虑教师的教学预期。出版社之间的竞争也主要在于其产品能够在多大程度上满足教师的要求，对学生自主获取知识的关注较少。国民教育总督学多米尼克·伯恩（Dominique Borne）在1998年出版的《伯恩报告》（Rapport Borne）中指出，纸质教材就像"拼图"，只有教师才能根据所掌握的"线索"将其组装起来，学生则很少或者根本不能自主使用纸质教材，换言之，它并非适用于个体的知识获得。[1]之后，虽然出版社将原有

---

[1]　BORNE D. Le manuel scolaire-Programme de travail 1997—1998, Thème 2［R］. Paris: IGEN, 1998: 16.

教材结构加以修改，增设了彩色标题、颜色代码和视觉提示等辅助功能，以往"知识导向"式的教材内容结构也被允许教师和学生根据他们的需求来提取资源的"工具箱"式模型所取代，但是这与满足学生自主学习的需要依然相去甚远。

近年来，随着对学习过程的关注由以往注重"教"逐步转变到"学"，教材被赋予了更多辅助学生自主学习的使命。希望学生无论是在课堂上还是在家里，都能够培养自主学习的能力。这就要求教材设计不能再单单迎合教师教学的需求，而是要与学生之间建立一定的互动性，真正做到让教材面向学生。而超越原有知识教授与获得的体系恰恰就是教材数字出版业的重要愿景之一。正如出版人、《阿鲁奇》杂志[1]创始人艾莉·阿鲁奇（Elie Allouche）所言，数字教材就是要重新定位学生与教学资源之间的关系。

（三）校园数字化政策

法国教育家卢梭（Jean-Jacques Rousseau）在《爱弥儿》中说："植物由栽培塑造，人由教育塑造。"将教育与信息技术相结合，更是新时代下实现个人全面发展的题中应有之义。近年来，各发达国家纷纷发布教育信息化政策，法国也不例外。早在2013年9月，法国便已开发了部分数字教育资源，并且还在不断扩大其服务范围。自2014年9月起，又开始着力解决各所学校的联网问题，位于未连接光纤地区的9 000所学校接入了每秒10兆比特的宽带，这一工程为政府后续数字计划的实施奠定了坚实的硬件基础。

2014年9月，时任法国总统弗朗索瓦·奥朗德宣布将实行一项大

---

[1] 课外纸质和数字出版物专业期刊。

型数字计划，该计划旨在消除社会不平等现象，建立一个从内容、服务到设备全面覆盖的全国性电子教育生态系统，激发创新与创造力，最终在实践中造福学生。2015年5月，政府正式出台了"数字化教育"计划，计划在三年内为此投资10亿欧元，其中三分之一将来自未来的投资计划，其余的6.5亿将由国家承担，用于人员培训、教育资源开发以及为各省购置计算机和平板电脑。该计划明确提出，自2015年起进入预备阶段，将有500所小学和初中实现联网，有超过7万名学生和8 000名教师尝试新的数字化教学形式；自2016—2017学年开始，将为教师和学生免费提供大量数字资源，涵盖所有学科，持续3年，各大门户网站将促进对这些资源的访问，计划在2018年使所有初中生获得教学所必需的数字设备和内容。

此外，"数字化教育"计划还确立了3个支柱性政策：培训教师和教职员工；开发无障碍的教育资源；为购买计算机或平板电脑提供资助。[1]各省在信息技术设备［对"移动设备"的具体要求有：最小内存为16千兆字节；触摸屏大于9英寸；配有照相机（被认为"在某些学科特别有用"）；可以续航8小时；最大重量为1.2千克（含附件）；带有保护壳］上每投资1欧元，国家就会投入1欧元；协助各地区现有的众多创新举措，以展示教学团队的创造力，这些团队在学校中不断开发新的实践以造福学生。

2017年11月，国民教育部再次出台计划，进一步普及数字化。自2018年9月起，政府开始着手为所有初中生提供个人移动设备。以萨尔特省（Sarthe）为例，在该计划的支持下，省内56所公立初中全部接入高速网络，其中四分之三的初中受益于项目经费，每间教室配

---

[1] 第三项支柱性政策的目标是让每个初中生都能在全国各地使用数字工具。

备了一台新式的电脑投放一体机，整体配备了约1 300台。另外项目计划自2017年启动后六年内，投入预算1 300万欧元，年均生均130欧元。[1]

在大区层面，作为高中教材费用全部或部分的承担者，近年来各大区也在积极响应中央政府的号召，着力推进高中教材的数字化进程。总体上来看，大区主要是在学生设备购买方面提供资助。如在中央—卢瓦尔河谷大区，政府承担奖学金资助学生电脑购买费用的30%—90%，给未获得奖学金的学生每人提供30欧元的补贴。在卢瓦尔河大区，高中生在购买家庭个人电脑时可获得20—200欧元的补贴。

二、数字教材的开发

为了回应社会各界特别是国民教育部对减轻学生书包重量的呼吁，实现建设资源节约和环境友好型社会的目标，加快教材内容的更新速度，同时也为了适应教学侧重点由"教"到"学"的转变，数字教材已成为法国课堂的大势所趋。对出版社来说，从纸质教材迈向数字教材既是挑战，更是机遇。为了能够在这次教材数字化变革的浪潮中勇立潮头，法国各大教材出版社纷纷在2008年左右开始研发第一代数字教材。

总体来看，法国各大教育出版社根据自身对教学实践的了解，自行定义了第一代数字教材的功能特性，包括交互式工具的范围、可投影性、多样性、质量和便携性（通过U盘）等，并对学生直接获取资源的途径加以关注，将其作为产品开发的一部分。所有相关出版社在

---

[1] 参见：https://www.sarthe.fr/education-citoyennete/colleges-en-sarthe/college-numerique.

此阶段都在着手开发两个版本的数字教材：一个是最简易版本，即单纯的纸质教材电子版，并带有用于引导的工具栏（包括交互式目录、链接和菜单等功能）、界面设置（包括页面滚动、缩放、缓存和显示模式等功能）、个性化设置（包括文本添加、荧光笔和橡皮擦等功能）等；另一个则是包含其他多媒体资源的版本。

具体来看，阿提埃出版社的首席执行官玛丽·诺埃尔·奥迪吉耶（Marie-Noëlle Audigier）将"减轻书包重量"视作第一批数字教材需要达成的关键目的之一。在具体的内容设计方面，考虑到学生对视觉的特殊敏感性，该出版社在首版数字资源中引入了动画和交互式图片。[1]

博达斯出版社在这一时期提供了只读光盘（CD-ROM）形式的可投影的数字教材，即数字教材的内容可被投影到屏幕或交互式白板上，对纸质教材起补充作用。此后，出版社又通过添加一系列引导和交互式媒介工具进一步丰富了该版数字教材的功能。[2]

贝林出版社在2008年也推出了一系列数字教材。该出版社第一代数字教材的核心功能主要在于：教材可下载到U盘中以便本地使用、页面标记、存档、音频文件与互联网相连接、交互式目录支持逐页浏览等。不过，虽然这些功能满足了教育界的部分期望，但在学校中的实际使用情况与预期效果仍有一定差距。[3]

纳唐出版社则将简易可投影版本免费提供给了所有持有该出版社纸质教材的教师。相较于价格昂贵的多功能版本（149欧元），该出版社的简易数字教材版本受到广泛欢迎。

阿歇特出版社同样将可投影性视作第一代数字教材需要实现的

---

[1][2][3]　参见：http://eduscol.education.fr/dossier.

重要功能。该出版社的奥迪·马登（Odile Mardon）指出，投影是最符合教师期望的功能。因为教师并非全是技术爱好者，有不少教师害怕操作计算机，或担心由于操作失误而在课堂上产生不良影响。[1] 因此，该出版社认为在该阶段，其实大多数教师期望的数字教材在本质上应该是一种提供缓存、注释、缩放等功能的课程活动组织形式。

由此可见，法国第一代数字教材虽然部分满足了大众对数字教材的期待，但距离实现互动性，真正改变原有知识教授与获得的体系还相差甚远。虽然出版社出版了两个数字教材版本，但它们深知，数字教材的发展方向一定不仅仅是纸质教材的电子形式，而应是带有内容管理工具的文献资源平台。自此，很多出版社都开始转向研发带有可操作、可转换形式和可添加内容的资料平台性质的数字教材。

同时，这些数字产品吸引了大量教育界人士。一些学区在地区层面——尤其是朗德省（Landes）的多个学校开展了试验，各方决策者（政府、学校、出版社、教师）也都希望或至少设想要购置数字教材，以供日常使用。但试验中也暴露出了诸如基础设施、教师培训等一系列推广数字教材亟待解决的问题，这对法国数字教材的后续发展提出了更为细致的要求。

---

[1] 参见：http://eduscol.education.fr/dossier.

第二节

法国学校信息化基础建设

一、学校信息化设备情况

（一）数字设备配备情况

1939年10月，美国爱荷华州立大学物理系副教授约翰·阿坦那索夫（John Vincent Atanasoff）和其研究生助手克利夫·贝瑞（Clifford E. Berry）共同发明了最早的电子数字计算机。从第一代电子管数字计算机，到晶体管数字计算机、集成电路数字计算机，再到大规模集成电路数字计算机，信息化设备不断发展，技术逐渐成熟，在各行各业中的普及度也越来越高，学校自然也不例外。

1. 小学阶段

根据法国国民教育部2020年2月发布的《2019年学校情况报告》，法国小学正在继续逐步配备信息技术设备。虽然目前法国公立小学的信息技术和数字设备普及率尚无法与中学阶段相提并论，但也取得了相当大的进展（见表4-1）。2014—2019年，每100名小学生的计算机配备量增加了28%。2019年，平均每100名小学生拥有14.4台计算机。此外，公立小学的互联网访问也越来越普及，有76.4%的公立小学至少有一半的教室可以上网。

表4-1 法国公立小学数字设备配备情况

配 比	2013—2014年	2018—2019年
每100名学生中的计算机数量（台）	11.3	14.4
每100名学生中的手机数量（部）	4.1	7.3
每1 000名学生中的投影仪数量（台）	8.1	14.9
每1 000名学生中的交互式白板数量（个）	6.8	17.0
至少有一半班级可以联网的学校百分比（％）	65.0	82.9

数据来源：Ministère de l'Education nationale. L'état de l'école 2019 ［R/OL］. Paris: Ministère de l'Education nationale, 2020 ［2020-02-20］. https://www.education.gouv.fr/sites/default/files/2020-02/depp-2019-etat-ecole-pdf-31835.pdf.

2. 中学阶段

近年来，法国中学阶段公立学校的信息技术和数字设备配备也有了极大的进展（见表4-2）。2014—2019年，每100名中学生的计算机配备量增加了30%。其中，职业高中在该指标上表现最好：2019年，全国平均每100名中学生配备有33.8台计算机，普通高中和技术高中每100名学生的计算机配备量为43.9台，而职业高中的这一数据达到62台。互联网访问的普及程度同样越来越高，有94.8%的公立中学至少有一半的教室可以上网。[1]

（二）数字资源服务与平台

学校为实现全民信息化的社会目标作出了一定贡献，它训练学生掌握数字工具，并使这些未来的公民习惯于生活在技术环境不断变化

---

[1] Ministère de l'Education nationale L'état de l'école 2019 ［R/OL］. Paris: Ministère de l'Education nationale, 2020 ［2020-02-20］. https://www.education.gouv.fr/sites/default/files/2020-02/depp-2019-etat-ecole-pdf-31835.pdf.

第四章
法国的数字教材

表4-2　法国公立中学数字设备配备情况

配　　比	2013—2014年				2018—2019年			
	初中	普通高中与技术高中	职业高中	中学阶段	初中	普通高中与技术高中	职业高中	中学阶段
每100名学生中的计算机数量（台）	22.0	41.0	52.8	30.4	33.8	43.9	62.0	39.4
每100名学生中的手机数量（部）	3.8	4.5	6.1	4.2	11.7	4.9	6.3	8.9
每1 000名学生中的投影仪数量（台）	31.0	28.6	39.2	30.9	32.2	42.2	50.1	37.1
每1 000名学生中的交互式白板数量（个）	11.0	8.8	14.2	10.6	17.7	13.3	20.3	16.4
至少有一半班级可以联网的学校百分比（%）	92.2	90.9	88.4	91.5	95.0	94.0	95.5	94.8

数据来源：Ministère de l'Education nationale. L'état de l'école 2019［R/OL］. Paris: Ministère de l'Education nationale, 2020［2020-02-20］. https://www.education.gouv.fr/sites/default/files/2020-02/depp-2019-etat-ecole-pdf-31835.pdf.

的社会中。

1. 数字工作空间：走向普遍性部署

数字工作空间（Espace numérique de travail，ENT）是学校数字化进程中较为重要的一环，它是一组集成性的数字服务，在信任框架中选择、组织并提供给包含一个或多个学校或教育机构的教育共同体。其提供的服务主要有：教育——数字教科书、学生和教师通用的工作和存储空间、协作工具、博客、论坛、虚拟教室等；学校生活支持——成绩、考勤、时间表、记事本等；沟通——邮件、个人和家庭信息、视频会议等。

学生、家长、教师、行政人员都可以使用任何连接到互联网的设备访问这些数字工作空间，它们成为学校的数字化扩展。学区与地方当局之间的伙伴关系，使得部署数字工作空间成为可能。所有学区都至少在第一和第二学段参与了一个数字工作空间项目，只是可能处于不同阶段，如推广普及、试验甚至是前期考察。

自2016学年开始以来，29个学区与地方政府合作，至少在第二学段的数字工作空间普及阶段参与了一个项目，即86%的省和100%的大区；21个大区中，100%的高中拥有数字工作空间（根据Notre法案）；76个省中，100%的初中已拥有；94%的省（从市政当局到学区）以不同的规模启动了第一学段数字工作空间项目；大多数项目仍在测试中，有46个省正在进行至少一个第一学段的推广普及项目。经统计，已有涉及3 847所学校的181个不同的数字工作空间项目。[1]

---

[1] 参见：https://www.education.gouv.fr/l-utilisation-du-numerique-l-ecole-12074.

2. 学校主要数字资源平台

国民教育部奉行支持发展和传播数字教育资源的政策，此支持性政策的各大辅助工具主要有以下六个。

（1）Eduthèque：该门户网站为教师免费提供数字教学资源和教学使用方案。其中，数字教学资源由教育部以及与之建立合作伙伴关系的大型公立学校提供，教学使用方案由学区提供。

（2）数字教育资源库（Les banques de ressources numériques éducatives，BRNE）：在学校"数字化教育"计划和从2016学年开始实施的课程改革框架内，数字教育资源库免费提供给从小学四年级到初中四年级的教师和学生，持续时间至少3年。资源库由用于编制文档、课程或评估的内容和相关服务组成，并按学习阶段进行组织。

（3）国家级数字平台（Myriaé）：这是第一个用于学校研究和展示数字资源的门户，这项新服务由法国国民教育部和全国教学发展与资源网络提供，以支持教师的教学实践。在学期间，家长也可得到国家级数字平台提供的支持。

（4）Édu-Up：生产和协助传播内容及相关数字教育服务的支持系统，主要负责为法国国家高等残疾青年教育教学研究院以及相关部门的产品研究和用途开发提供支持。

（5）共享学术工作（TraAM）：有助于分享专业知识，在"数字化教育"计划以及初中课程改革的背景下，为教师提供所有高质量的培训和支持活动。

（6）远程培训平台（M@gistère）：一种辅导式和互动式培训设备，专门为中小学教师设计，可以整合或补充现有的培训课程。远程培训平台是学校通过数字化变革提供的服务之一，培训课程可供培训师与教师进行学习。自2014年1月以来，该平台已为36.2万名教师提供了培训。迄今为止，已在国家一级分享了260门培训课程。[1]

二、具体案例

（一）大东区

大东区是法国第一个在大区一级开展数字教育的大区，其目标是为每个学生提供现代化的学习条件，以应对当今教育挑战，并促进学科融合。大东区的"高中4.0"项目作为所有大区中的典范项目，经过3年的建设，已经取得了一定成就。下面以其为例，简要介绍数字设备在地区层面的配备情况。

在2016年法国行政区划调整中，阿尔萨斯（Alsace）、洛林和香槟—阿登三个原有大区合并组成了大东区。虽然三个原有大区有着不同的高中教材资助体系，但是大东区并没有急于统一教材的资助，而是将重点放在校园数字化建设上。在行政区划调整的同年9月，该大区就宣布要在所有高中推行数字化教材。

自2017年1月起，大区开始启动项目学校征集，计划在第一阶段选择约50所中学进行试点，共涉及约3.3万名高中生和3 500名教师。在大区全部355所高中，有101所参与项目的征集，最终入选49所。对于这些被选中的学校，大区予以资金上的支持来帮助学生购买笔记本电脑或平板电脑。具体来看，大区所提供的补贴最高可达电脑售价的50%，对于年收入低于7.2万欧元的家庭（占比92%），补贴上限为225欧元。此外，家庭还可选择3年分期付款。同时，大区也在不断完善学校的无线网络、投影仪等基础设施，为数字教材的应用扫除障

---

[1] 参见：https://www.education.gouv.fr/l-utilisation-du-numerique-l-ecole-12074.

碍。在第一批试点学校中，大区共安装了2 463个无线网络热点，还组建了专门的维护团队。

为了加快这一进程，大区几乎每个月都会举行多方会议：校长、学生家长联合会、教育当局代表、出版社、各种技术服务提供商等共同讨论项目的落实情况。2018—2019年，为进一步推进"高中4.0项目"，大区利用第一阶段的反馈意见，通过与相关科研机构合作，与家长联合会、数字出版社、区域青年理事会等部门进行协商，进一步制定了第二阶段的详细规划。其中，新增了62个"高中4.0"计划学校，又有3.4万名学生参与其中。针对第一阶段暴露出来的问题，在基础设施方面，大区要求学校中最低网速达到100 Mb/s，并进一步提升其安全性。在技术保障方面，整个大区计划部署76名信息技术维护人员，分布在12个地区性机构中工作，以帮助学校解决技术问题，此外还进一步简化和加强了对家庭的电话技术援助。在资金支持方面，大区将继续为年收入低于7.2万欧元的家庭提供地区性财政援助。[1]大区预计在2021年可以实现高口数字设备全覆盖。

（二）罗讷河口省

埃克斯—马赛学区（Académie d'Aix-Marseille）作为教育优先区，教育相对薄弱，其下属的罗讷河口省（Bouches du Rhône）同样为促进学校的数字化建设作出了一系列努力。

该省将发展数字化教育实践，为年轻人做好在数字社会中生活和工作的准备作为目标。早在2015年，国民教育部出台"数字化教育"

---

[1] 参见：https://www.grandest.fr/lycee4-0/?__cf_chl_jschl_tk__=e15c...7rFrLfLkAZFByqhpvc6oOio-tl5NxL
WSIjHkNr7r7GKcxzAGGeULo0x-33.

计划之时，罗讷河口省便立即申请于2015—2016学年在9个公立初中实施该计划。该省的数字初中也因此成为法国第一批部署平板电脑的初中。此后，在国家和省共同发起的两个项目框架内，2016—2017学年有86所初中（公立和私立）加入了该计划，2017—2018学年又有38所初中加入。在2018—2019学年，省级数字计划继续扩大所涉范围，为所有在公立和私立初中就读的初中一年级和二年级学生配备平板电脑［同时作为"查理曼大帝计划"（Plan Charlemagne 2017—2027）的一部分，10年间投入近2亿欧元］，而且还有40所学校加入计划，总计覆盖约93%的初中。此后，学区希望继续与地方保持长期合作伙伴关系，以支持该省和各所初中携手走向明天的"初中3.0"时代（collège 3.0）。

为加强合作，学区建立了一个本地数字委员会，由校长负责协调与主持，有需要时开会讨论。委员会成员主要为项目合作伙伴（省、学区），其代表可以根据需要参加这些会议，某些会议可以扩大范围至家长和学生的代表。委员会负责协调学区内项目的实施、指导和监督工作，并收集用户的反馈加以分析。

2018年6月，罗讷河口省常务委员会颁布了《省级数字计划实施协议》（Convention de mise en œuvre du plan numérique départemental），[1]对之后的数字化道路加以规划。自2018—2019学年开始，在十几所初中进行数字教材试验，然后再推广这些工具。在有意愿的初中部署远程视频机器人，从而使预防或患有学校恐惧症的学生得以虚拟地出现在课堂上。在未来几年中，还将实施新的教育和校园生活工具。

---

[1] Le département des Bouches du Rhône. Convention de mise en œuvre du plan numérique départemental［R/OL］. Marseille: Le département des Bouches du Rhône, 2018［2020-03-13］. https://www.departement13.fr/uploads/delibs/P0WFZ.pdf.

截至目前，所有公立数字初中都连接了宽带，配备了信息技术助理，对信息技术架构进行了翻新，且将继续增加信息技术设备。对于私立数字初中，省一级也在不断增加投资，并就"如何正确使用数字技术"开展相关教育活动。

第三节

法国师生的信息化素养

一、学生的信息化素养要求

2006年7月，法国国民教育部颁布了《知识和技能的共同基础法令》，旨在明确学生接受学校教育之后所应获得的基础知识和技能。法令中规定了七大核心素养，其中第四项即为"掌握信息通信的常用技术"。

法令认为，数字素养即意味着有效地和批判性地使用信息社会技术，涉及信息技术、多媒体和互联网等多个方面，涵盖了现今所有经济和社会领域。这些技术通常是校外自主学习的对象，但也正是经由自主学习，每名学生得以掌握一系列技能，并以审慎且高效的方式运用它们。法国"信息与互联网证书"所需的知识和技能也与共同基础所需的水平相对应，它们都是在各个学科领域的活动范围内获得的。

　　此外，法令还从三个方面（"知识点""能力"和"态度"）对这一素养进行了具体阐释。在"知识点"方面，法令要求学生必须掌握信息通信技术的基础知识（当前硬件、软件和操作构成，信息处理和交换，技术特性，文件，文档，工作空间结构，多媒体产品等），必须掌握经由信息技术设备处理的编码信息，以生成结果并相互通信。这些工具的使用也必须受到规则的约束，以保护知识产权、公民的权利与自由和使用者自身。

　　在"能力"方面，法令中对掌握信息通信技术的要求是基于"信息与互联网证书"中定义的能力发展而来的，主要包含：适应信息化工作环境，创建、生成、处理、使用数据，查询信息与搜集资料，联络与交流。

　　在"态度"方面，法令要求发展信息研究与交流的兴趣，以达到教育、文化、社会和专业的目的，并具有负责任的态度。具体来说，主要指对可获得的信息采取批判性的和审慎的态度，以及使用互动性工具时负责任的态度。

二、教师的信息化素养要求

　　2004年9月，在丰泰罗王室修道院举行的"数字、学校和大学教材研讨会"上，时任国民教育部总督学处处长多米尼克·波恩强调："教育数字资源的'资料功能'实用性较强，可提供'几乎所有学科的无限资源'，与这些丰富的可访问资源相伴而生的主要问题是：该如何在这个'资料海洋'中指导学生呢？"[1]

---

[1] Ministère de l'Education nationale. Compte-rendu des interventions du séminaire Numérique et manuels scolaires & universitaires-Abbaye de Fontevraud［R/OL］. Paris: Ministère de l'Education nationale, de l'Enseignement supérieur et de la Recherche, 2004［2020-01-30］. http://eduscol.education.fr.

　　只有投入时间和精力并接受培训，才能习得信息检索、选择和组织等技能。学生的资料实践教育理应是"国民教育"中的一部分，正如2010年国民教育部总督学处的报告中指出的那样："从长远来看，这一教育的意义远远超出了教材的范围。因此，今后打算在学校中推广一种更全面的'教学资源'及'数字教育'政策。"[1]2010年的开学通知也明确了这一意图："如今，发展学生的数字教育，使其得以审慎且负责任地使用互联网，掌握信息通信技术，已经成为学校的一项义务。"[2]

　　这就对教师提出了一定要求，在国民教育部制定的《教师十项技能列表》（La liste des 10 compétences que les professeurs）中（"教师"这一术语在我们将要参考的法令中对应教师、资料员和主要教育顾问），教师的一项技能就是信息通信技术的使用并将它传授给学生。[3]其中第八节规定，这三类教育专业人员在大学培训结束时，必须掌握"在其专业实践中，运用及精通信息通信技术的能力"，必须了解"与使用信息通信技术有关的权利和义务"，能够"基于数字工具和资源，设计、准备和实施教学内容及学习程序"，并"参加与使用信息通信技术有关的权利和义务的教育"。教师还必须知道如何"鉴别可用信息"，确保自己在专业实践中持续不断地进行自我训练。

　　作为资料员核心业务的一部分，这些技能和特质也是他们所应具有的。国民教育督导—学校及学校生活小组制定的《教师—资料员督

[1] SERE A, BASSY A-M. Le manuel scolaire à l'heure du numérique-Une «nouvelle donne» de la politique de ressources pour l'enseignement［R/OL］. Rapport n° 2010-087 de l'IGAENR et de l'IGEN adressé au ministre de l'Education nationale. 2010-07-01［2020-02-04］. http://lesrapports. ladocumentationfrancaise.fr/BRP/114000048/0000.pdf.

[2] 参见：https://www.education.gouv.fr/bo/2010/11/mene1006812c.htm.

[3] Le Service Public de la Diffusion du Droit. JORF n°0164 du 18 juillet 2010 texte n° 6［Z/OL］. Base de donnée du service public de la diffusion du droit, 2020［2020-02-04］. https://www.legifrance.gouv.fr/affichTexte.do?cidTexte=JORFTEXT000022485632&categorieLien=id.

查规程》（2007年2月）的导言部分指出，后者的教学和教育使命为，"旨在通过向学生提供方法和工具，培养学生的学习欲望，满足好奇心，并在面对各种知识和信息资源的情况下，培养批判性思维。教师、资料员及其他教师应参考教学计划，为学生提供信息素养培训。在义务教育期间，应注重培养基础技能，特别是与信息通信技术有关的技能（了解、搜集信息的能力），自我管理和主动性（主动研究可用信息，对其进行分析、排序、分级、组织、综合）。"[1]

此外，教师还必须能够评估所购教材的优劣之处，因为教材目标与课程、共同基础和班级学生的成长有关，它必须能够适应一般班级与学生的需求，部署开发"个性化"课程的工具。最新一代的数字教材便旨在促进这一过程。

使用互联网上近乎无限的资源主要有两个风险：第一，缺乏对所使用资源有效性、真实性和及时性的保证；第二，缺乏对相关资源使用权/复制权的掌控，尤其是图像类资源。因此，在尊重知识产权的同时，教师应掌握恰当使用教育资源所必需的知识，这对于教师的资料实践是必不可少的，在知识传授方面也是如此。

资料员和教师共同承担对学生的培训和宣传职责，旨在提升学生的资源研究、批判性评估和选择的能力，并做到尊重版权和知识产权。资料员通过他们的课程为此做好了充分准备，这是他们工作的基本组成部分。教师的核心工作则是将学科专业知识与传授技能相结合。资料员和教师在掌握资料技能方面是不平等的，这是合乎逻辑的，但在接下来的施政措施中也必须考虑到以下现实情况。

---

[1] L'Inspection générale de l'éducation nationale-groupe Établissements et vie scolaire. Le protocole d'inspection des professeurs-documentalistes［R/OL］. Paris: Ministère de l'Education nationale, 2007［2020-02-20］. http://www.intercdi-cedis.org.

首先，鉴于教师与资料相关实践的发展，以及他们在教育学生使用信息通信技术和资料方面的使命，因而必须将恰当的"资料技能培训"纳入教师（入职和在职）培训内容。

其次，教师和资料员在学生在校期间，关于使用和研究信息通信技术、处理信息、负责任且合法地利用资料的培训中必须职责明确。

换句话说，国民教育部要为学校提供实现"学生数字教育愿景"的具体途径，阐明有关培训师培养的政策，并将教师、资料员和主要教育顾问纳入《教师技能参考》。基于他们的专业知识，对在此特定领域中教育人员的参与范围进行反思。

第四节

数字教材使用反馈

一、教师的观点

数字教材如何适应学校实践？在有关未来行动的决定性问题上，国民教育部和出版社共同发力。自2009学年开始，国民教育部已制定计划，对通过数字工作空间使用的数字教材进行试验。[1]这些试验在

---

[1] 国民教育部于2000年12月在两个试点亘进行了第一批试验，其中包括历史—地理学（纳唐出版社）和生命与地球科学（博达斯出版社）的数字教材，其内容通过多媒体文档和超链接文本加以丰富（例如访问字典或地图集），将拉鲁斯词典和平板电脑作为支持材料。

12个学区的21个省和69个初中进行，涉及2009—2010学年的320个初中一年级班级以及自2010—2011学年开始的初中二年级班级。[1]试验的目的是从以下方面对数字教材的有效性进行"诊断"：减轻书包重量，贡献创新教育资源，以数字教材为工具促进教育信息通信技术在（学校内外）学生群体的应用。该行动由学区、省、教材出版社、教材发行平台和数字工作空间解决方案出版社合作开展。超过1.5万名学生和1 000名教师可以在线访问新的数字教材，而这些教材的纸质版本将不再流通。

11个教材出版社的产品[2]通过两个在线发行平台发售：知识数字频道（Canal numérique du savoir，CNS）和教育数字亭（Kiosque national de l'éducation，KNE）。在国民教育部总督学处的协助下，该操作将受到信息通信技术教育分处的学术和国家监控。2010年国民教育部总督学处报告中也涉及第一批观察监控情况。[3]从结果来看，现有数字教材主要应用于教室中的集体用途，在个人用途方面发展非常缓慢。

用户的主要期望在连接速度、实施效率以及关于环境的培训需求这三个方面。试验参与者公认的数字教材优点主要有：减轻书包重量，视觉效果质量高，提高了学生的兴趣和关注度，具有开展教学实践的可能性。但是，根据收集到的信息，数字教材的教育贡献水平与

---

[1] 法国以此行动为契机资助了为期4年的数字教材购置费用。省委员会负责以适当的进度推进基础设施、集体设备和互联网访问建设。

[2] 贝林、博达斯、德拉格拉夫、迪迪埃、阿歇特、阿提埃、勒利弗尔斯克莱赫、马尼亚赫、纳唐等出版社以及塞萨玛斯教师协会等。

[3] SERE A, BASSY A-M. Le manuel scolaire à l'heure du numérique-Une «nouvelle donne» de la politique de ressources pour l'enseignement［R/OL］. Rapport n° 2010-087 de l'IGAENR et de l'IGEN adressé au ministre de l'Education nationale.2010-07-01［2020-02-04］. http://lesrapports.ladocumentationfrancaise. fr/BRP/114000048/0000.pdf.

教师的使用情况紧密相关：在使用纸质教材的基础上，通过屏幕投影，可以增强学生的知识掌握能力；而在具体实践中，如能将多媒体资源的观看与个人提问、分析、评论、交流相结合，再配合纸质教材，最后通过练习加以评估，益处将更加明显。受访教师的最初反映是，对所提供的数字教材的功能感到失望（侧重于显示和引导），这些功能显示，其仅为纸质教材的数字版本。

2010年，贝林出版社便已经开发了新一代数字教材[1]，它更具交互性，功能更为丰富（尤其是在内容管理、个性化、共享和协作方面）。其他出版社也开发了新的增强版本。正如2010年国民教育部总督学处报告中所指出的，数字资源出版社的存在无疑会刺激人们进行功能集成性开发，这最终会将教材的性质转变为开放的应用程序，以使其更适合线上操作。该试验对产品的开发与激励也具有相当大的影响。此外，通过用户反馈还确定了在校内采用数字技术的三个主要改进点：网络基础设施和设备、教师培训（技术和教学）、对学生在新工具使用过程中的支持。

此外，由萨瓦尔—利弗尔（Savoir-Livre）出版社委托，以500名教师为调查对象的"TNS-SOFRES"调查[2]也强调了这一趋势可作为推进现有开发的支撑点。95%的受访教师使用过计算机及投影仪（每周至少使用一次的占82%），39%的教师使用过交互式数字白板（每周至少使用一次的占57%）。尽管有80%的教师对数字教材"感到满意"，但他们仍然遇到了一些技术困难（设备供给不足，难以从整体上掌握教材等）。根据学科的不同，各种类型的数字教材的使用群体

---

[1] 贝林出版社的交互式书籍称作Lib'，可经由Libthèque平台获得。

[2] 参见：http://www.sne.fr。

也各不相同：51%的历史—地理教师和24%的数学教师使用多功能版本，但有70%的数学教师更偏爱简易版本。

由于书包的重量减轻，且学生遗忘教材的风险消失，数字教材受到欢迎。超过75%的受访教师表示，他们对通过数字教材获取合法资源的可能性比较关注。有90%的受访教师认为纸质媒体和数字媒体之间存在"良好的互补性"。纸质教材仍然适用于多种用途（阅读、学生自主学习、个人练习），而数字教材在交互性更好的情况下，可提升使用效果（通过音频或视频文件的呈现、集体练习）。

因此，受访教师认为这两种形式的教材将在未来几年中共存，并且有80%的受访教师表示，相信教材出版社会随课程发展而不断调整，其中每10名教师中有近9名不希望纸质教材消失。就法国国民教育部和出版社共同进行的观察和调查来看，尽管在解释结果时需要谨慎，但数字教材仍不失为激发教师创新的动力源泉，能够引领产品不断适应需求，作出改进。

2018年9月，由教育出版社与法国民意调查机构共同开展的调查也验证了之前的预测，27%的高中生表示，其教师并不希望使用数字支持工具，65%的教师希望同时使用纸质和数字两种资源，希望单独使用数字和纸质教材的分别为16%和9%。如将纸质与数字教材功能进行对比，有更多受访教师认为，数字教材在使学生积极学习，与教师进行建设性交流，促进学生之间的建设性交流，使学生面对接近未来职业的实际情况以及更好地理解跨学科等方面的表现优于纸质教材，但在帮助学生复习已学内容，帮助学生准备高中毕业会考，构建学习，提高学习自主权，作为参考以防错过课程和帮助学生建构作文等方面的表现略逊于纸质教材。其中，在受访教师看来，数字教材在使学生积极学习方面表现最为优秀，也受到了最多认可（73%）。[1]由此可见，各有所长的纸质教材与数字教材能够互补是教师群体的主流观点，或许共存情况还将在未来一段时间内继续下去。

二、学生的观点

在国民教育部总督学处2010年的报告中，学生被视为"被忽视的伙伴"，被排除在国民教育部和出版社的需求确认进程之外。[2]虽然数字教材面临的挑战是最大限度地满足学生的需求并实现多样化，但在实际调查过程中，问题仅面向教师、督学和教育机构的代表。

制造出来的产品在试点班级进行了测试：学生根据课程设置，使用由出版社及其作者设计，由教学团队选择的工具。如果教育要求和需求在学生参与之前便已经提出，那么学生似乎就没有机会成为其应享有权利的受益者。"因此，教育工具设计（纸质教材或数字资源）所依据的分析，很可能是基于经验甚至刻板理论。根据马克·普伦斯基（Marc Prensky）的说法，在第一代数字产品进入学校系统后，会促使设计人员对所有数字化教学工具加以规范：强调视觉和图像的重要性，实现'多向'和超文本导航，具有'切换'的可能性等。但是，不能确定是否所有学生都具有将私人领域实践或年轻人之间的游

---

[1] Opinion Way. OpinionWay pour Les Editeurs d'Education-L'usage des manuels imprimés et numériques au lycée［R］. Paris: Opinion Way, 2018: 9+12.

[2] SERE A, BASSY A-M. Le manuel scolaire à l'heure du numérique-Une «nouvelle donne» de la politique de ressources pour l'enseignement［R/OL］. Rapport n° 2010-087 de l'IGAENR et de l'IGEN adressé au ministre de l'Education nationale. 2010-07-01［2020-02-04］. http://lesrapports. ladocumentationfrancaise.fr/BRP/114000048/0000.pdf.

戏转化为学校实践的同等能力，还需要更完整的衡量，真正掌握数字工具与网上冲浪间的差距。"[1]此外，需要注意的是，学校实践间的差异很大，这取决于学生的受教育水平、所经历的教育类别（普通、技术或职业教育）、社会出身甚至所处环境。

前文提到的"TNS-SOFRES"研究[2]也提供了一些证据，表明学生对这种新工具持保留态度。95%的受访教师表示，数字教材能够吸引学生的注意力，并鼓励他们积极参与；近80%的受访教师表示，数字教材激发了学生的好奇心；近70%的受访教师表示，数字教材能够促进学生积极参与课程。但学生的感受均是通过教师的观点传递的。

在国民教育部总督学处2010年的报告中，一项由班级代表和高中生活理事会共同进行的调查结果令人鼓舞，至少对相关学生而言是有启发性的。在使用教育性质数字资源的地点方面，57.2%的受访者表示自己在家里访问在线数字资源以完成家庭作业，29.4%的人通过此途径收集资料，20.1%的人在学校和家中都使用这一资源。只在教室中使用数字教育资源的人占8.7%，这一做法主要涉及职业高中的学生，他们通常在晚上完成作业，且比起普通高中学生来说，方式更少受限制。访问数字教育资源的首要学科是法语、历史—地理和现代语言。被引用最多的线上资源中，首先是维基百科（Wikipédia）（56.6%），28.6%的受访学生使用其他教育网站，其中18.6%的人更偏爱专门提供作业或学术支持的网站，14%的人访问教师或学生的网站

[1] SERE A, BASSY A-M. Le manuel scolaire à l'heure du numérique-Une «nouvelle donne» de la politique de ressources pour l'enseignement［R/OL］. Rapport n° 2010-087 de l'IGAENR et de l'IGEN adressé au ministre de l'Education nationale. 2010-07-01［2020-02-04］. http://lesrapports. ladocumentationfrancaise.fr/BRP/114000048/0000.pdf.

[2] 参见：http://www.sne.fr.

或博客（职业高中学生占多数），15.8%的人使用其他来源（其中80%
为所在学校的数字工作空间）。此外，他们还使用谷歌或休闲社交网
站（Youtube、Facebook、MSN、游戏和博客）。

　　总的来看，线上学习的趣味性仅吸引了21.9%的高中生（通常
来自职业高中），大多数人使用数字资源的目标是扩大知识范围，
换言之，这超出了教材的范畴（53.2%），或为了获得更好的结果
（36.4%）。谈及线上学习的好处时，"快速""访问便利""内容更容
易理解""减轻书包重量"等都成为关键词。调查结果中还呈现出两
个高中生群体：第一个群体多为技术高中学生，他们被校内外线上
资源的趣味性、友好性和合作性吸引，这非常有利于数字教材的逐
步过渡以及传统形式教材的淘汰；第二个群体主要为普通高中学生，
他们更加依赖传统形式的教学实践。在学校中，经由数字资源获得
的学习优势，使得不同学生群体及教材（纸质或数字教材）间出现
差异。

　　对大多数高中生来说，使用教材和使用数字资源之间是互补关
系而不是替代关系。随着教育信息通信技术的发展，高中生似乎并
没有自觉地将对数字资源趣味性的关注转移到新的"电子教学法"工
具上。精通新技术的使用，尤其是掌握超文本阅读能力，更是充满挑
战性。

　　2018年9月教育出版社与法国民意调查机构共同开展的调查也
证明了这一点。数据显示：30%的高中生拥有数字教材，其中包含
33%的毕业年级高中生和37%的私立高中生。由于设备缺乏，也有
30%的高中生声称并未配备电脑或平板电脑。58%的高中生偏爱纸质
教材，偏爱数字教材的为15%，希望单独使用数字和纸质教材的学
生分别占比17%和15%，而希望同时使用纸质和数字两种资源的则

达到了66%。[1]

然而必须注意到的是，数字化阅读与纸质阅读对学生的吸引力大不相同，在学校作业中，数字化阅读所需要的注意力和资源的调动可能会受到很大限制。而互联网、社交平台和即时消息的使用，恰恰使得某些能力的开发成为可能，例如将注意力同时分配到多个方面。这一训练固然会使大脑更为敏捷，但是这些做法难道不会导致记忆力和专注力的缺乏吗？这也是评论作家、《互联网让他变得愚蠢？》（*Internet rend-il bête ?*）[2]一书的作者尼古拉斯·卡尔（Nicholas Carr）和文化与数字媒体科学兴趣组织（Groupement d'intérêt scientifique Culture & Médias numériques）领导人阿兰·吉法德（Alain Giffard）的观点。学生能够在日常生活中使用信息通信技术，并不意味着他们也具备了完成线上课程或作业的能力。从这个角度来看，"数字再教育"似乎比"数字教育"更贴切。对教师来说，掌握足够的知识和技能以便传授，也是一项繁重的任务。

在2008年斯特拉斯堡研讨会（Séminaire Manuel scolaire et numérique）上，信息科学博士、斯特拉斯堡教师培训大学学院教授、"现实、挑战与展望"（*réalité, enjeux et perspectives*）主题演讲者帕斯卡尔·高辛（Pascale Gossin）强调，数字书籍的创新之处在于超文本，并且学生必须具有一定能力基础才能轻松实现拓展阅读。这一结论基于一项针对高中生的研究，主要探寻了学生在数字阅读方面面临的一系列障碍：选择相关链接的困难，记忆困难，在屏幕上阅读引起

---

[1] Opinion Way. Opinion Way pour Les Editeurs d'Education-L'usage des manuels imprimés et numériques au lycée［R］. Paris: Opinion Way, 2018: 9+12.

[2] 2011年由罗伯特·拉丰（Robert Laffont）出版社出版。

不适等。[1]

作为数字教材试验的一部分，对小学生、初中生和高中生的直接调查和观察的结果，以及多年来出版社、教育专业人员和学校的努力，由此得出的结论对于优化产品以适应对象群体的需求与期望是极为有益的。

三、家长的观点

家长作为尚无经济能力的学生的教育出资者，其观点同样值得关注。2018年9月，教育出版社与法国民意调查机构共同开展的调查显示，仅有17%的家长认为并无必要继续保留纸质教材，数字教材已足够使用，而绝大部分家长（67%）希望将数字教材作为纸质教材的补充。

综合前述调查可见，这一观点与教师及学生保持高度一致。虽然还远未到数字教材一统教材市场的时候，但换个思路可发现，数字教材的使用在当下已经成为一股不可逆的潮流，两种资源的融合成为各方面教育参与者的主流观点，单独使用纸质资源则仅获得较少支持。这也进一步印证了数字教材的发展的确在不断改变原有观念，假以时日，随着信息技术的不断进步，数字教材定会受到越来越多人的认可。

---

[1]　参见：http://eduscol.education.fr/dossier.
　　　https://www.education.gouv.fr/sites/default/files/2020-02/depp-2019-etat-ecole-pdf-31835.pdf.
　　　https://www.education.gouv.fr/l-utilisation-du-numerique-l-ecole-12074.

第五节

法国数字教材的基本面貌

一、数字教材的功能

早期的电子教材仅是可访问书籍的静态 PDF 版本。自 1991 年（互联网向公众开放之年）起，10 多年之后才出现旨在摆脱纸介质呈现、查看和处理文件等方面约束的电子教材。

（一）从交互式 PDF 到新一代数字教材平台

在笔记本电脑和平板电脑上首次进行课堂试验之后的第二年，即 2001 年，埃蒂托尼克（Editronics Education）出版社的 "i-manuel" 系列教材便宣布问世。该教材有意减少插图，以便将课程框架内的书本知识集中起来，而且还建立了一个提供多种补充资源的网站，由教师确保这两种工具间的一致性。[1]该出版社将 "i-manuel" 视作 "纸质教材与全面信息化之间史无前例的融合"，并将其定义为一种与教材互补且可定制的工作环境。该产品结合纸质教材，提供丰富的教育资源（资料、练习、图片、作品选段等），使教师能够通过互联网整合到最贴近其教学的要素，并最终创建适合自己学生的课程。这一产品鼓励将多媒体逐步引入教学实践。

但没过多久，埃蒂托尼克出版社就停止了教材的运营。这一概念

---

[1] 根据国民教育计划，与教师合作编写的教材。

固然超前，但市场尚不成熟，对于尚未准备好使用它的用户来说为时过早。然而，值得注意的是，该出版社的产品设计与近年来教材出版社开发的最新一代数字教材的功能如出一辙。

直到2010年，教材出版社才开始重视由教师修改教材结构的可能性。此前，由教材出版社提供的数字教材中，交互式PDF已经是最先进版本，可以显示页面、缩放文档、突出显示文本段落。作为补充，还为教师提供了数字附录（高密度数字视频光盘、只读光盘、网上支持资源），以使其丰富自己的课程内容。

自2010年起，市场上的数字教材才被真正设计成在线资源平台，内容主要包括可操作/可转换的单元，纸质教材的补充内容以及由合作伙伴提供的文档或多媒体资源（视频、动画、录音）。还可通过创建账户，将外部文档导入教师的个人空间，将资源与同事或学生共享。

（二）数字教材的功能

教材出版社提供的初代数字教材与纸质教材并没有很大区别，仅仅实现了数字化，并且具有简单的显示和引导功能（主要用于投影）。经过多年发展后，如今的数字教材已经可以实现因受众而异（教师或学生）的用户与教材之间的交互性，各种基本功能也在出版社间实现了普及（见表4-3、表4-4）。

教师端可以修改教材的结构，将一个平台上的几本教材的内容（例如贝林出版社的Libthèque）重新整合到一起，并利用由出版社提供的各种补充资源或个人资源加以充实，最终构建出个性化数字教材。同时，可与同事、学生共享这一资源。学生端的功能主要侧重于对教材内容、补充资源和教师原创资源的访问，还可进行线上练习，并通过共享的方式与教师交流学习成果。

表4-3　法国首批8家数字教材出版社开发的数字教材功能列表（教师版）

功能	出版社	2011版（能否实现）	2020版（能否实现）
通过个人账户可以操纵、分类、重新组织教材库和在线资源目录中的内容。	贝林出版社	是	是
	纳唐出版社	否。在出版社网站上的介绍中并未提及有一个可以将几本教材组合在一起的平台，从中选取内容以构建原创课程。	是
	阿歇特出版社	是	是
	阿提埃出版社	否。在阿提埃产品中找不到数字教材库的概念。	是
	马尼亚赫出版社	是	是
	博达斯出版社	否。博达斯的"数字图书馆"是一个界面，仅允许用户免费浏览每本数字教材。	是
	塞萨玛斯教师协会	否[1]	否
	勒利弗尔斯克莱赫出版社	是	是

　　注：所收集信息来自发布者在其网站上提供的演示、教程和示范，且与面向消费者的功能宣传一致。

---

[1] "Sésaprof"是该协会专门面向教师的门户网站，旨在使他们能够访问例如塞萨玛斯教师协会的教师用书等资源，预览软件或出版物，以及在教师之间进行交流（社区、新闻、论坛、联系表、公告、经验分享、资源建议）。

表4-4　数字教材目前可供用户使用的功能

搜索工具	搜索引擎
资源访问系列功能	
引导	交互式目录，超文本链接，引导辅助系统，上一页/下一页箭头，"后退"功能，按页码访问，幻灯片显示，标签，下拉菜单（以选择文档类别）
内容及补充	除教材内容外，无论是否细分类别，还可通过索引访问教育补充产品目录及为数字版本添加的文件（练习、测验等），合作伙伴提供的多媒体资源、网站，教材的教师使用者共享的资源
显示	翻页，缩放/放大镜，点（分隔各要素），幕布，隐藏添加的注释，幻灯片显示，缩略图模式，全屏，投影，在文档比较器中显示
多媒体可视化	电脑，电子阅读器/平板电脑，智能手机，交互式白板
阅读各类文档	视频，动画，音频，交互式地图，可动图片
在线/离线	互联网，学校网络和数字工作空间，可通过USB拷取或本地下载，可以在线/离线同步版本
创建目录和内容系列功能	
内容汇总	双面复制以生成可编辑的版本或创建空白页面，用户可在其中粘贴、导入要素，编写文本，建构课程
操作	将文档拖放或保存到文件夹和页面中，文档比较，移动或删除页面中的文档，共享保存的内容
内容修改	使用格式工具栏编辑/添加文本，包括橡皮擦、荧光笔、铅笔、"工具包"（注释、线条、箭头）的图形工具板
格式编辑	个性化编辑修订版/增强版教材，在可编辑的双面空白页或幻灯片中设计课程资料
个人档案存储	保存页面浏览历史记录，记录从教材及其补充资源中选择或创建的，或由用户导入到文件夹中的页面和文档
内容组织	命名、分类、标记文件，以通过关键字进行搜索

（续表）

搜索工具	搜 索 引 擎
创建目录和内容系列功能	
传播—共享与协作	共享教师创建的文档、课程资料和练习，以供同事共享资源和经验，或供学生完成家庭作业（在线练习、更正）和复习

数据来源：BOULET A. Le manuel scolaire numérique, produit éditorial et outil documentaire à valeur ajoutée: anatomie d'un concept en développement, enjeux et perspectives de son intégration dans les pratiques éducatives［D/OL］. Archives-ouvertes. 2012−03−15［2020−02−15］http://memsic.ccsd.cnrs.fr/mem_00679415.

出版社提供的数字教材（简易版）的功能通常适用于教室中的投影：大屏显示、缩放、定点、高亮和引导。与个性化、创建和访问合作伙伴的多媒体资源有关的功能，主要在"多功能"或"高级"付费版本中（见表4-5）。

表4-5　贝林出版社简易版与多功能版数字教材的功能比较

项　　目	简易版	多功能版
联网	√	√
下载到电脑	√	√
导出到U盘	√	√
投影	√	√
全屏显示双面	√	√
工具箱（缩放、高亮等）	√	√
教材目录引导	√	√
免费获取教育补充资源（教师用书，补充练习）	√	√
访问多媒体补充资源（视频、动画、音频）	×	√

（续表）

项　　目	简易版	多功能版
文档比较	×	√
页面个性化	×	√
创建页面	×	√
访问媒体库中的所有教材文档以及补充资源	×	√
通过媒体库导入您的个人文档（视频、图像、音频）	×	√

数据来源：http://www.libtheque.fr/lib-basic.php.

二、数字教材的载体

（一）阅读工具和用户工具

交互式数字板或交互式白板都是交互式集体可视化设备，它将计算机屏幕（使用投影仪）投影到白板上，使用触控笔或手指（代替鼠标）在白板上加以控制（操作方法取决于具体型号）。教师和学生还可分别持有一套WiFi图像输入板及触控笔，对屏幕进行远程操控。

交互式移动设备是交互式白板的替代产品，体积更小且更易于运输，适合某些特定用途（非定期使用、小班额班级、在固定教室内完成所有课程的几个班级之间共享设备）。有些交互式白板的屏幕可达78英寸，即便坐在教室后部，字迹也清晰可见。

自2007年以来，这些工具已在多个国家和地区普及，包括英国、美国、加拿大、墨西哥、俄罗斯、奥地利、希腊、爱尔兰、荷兰、立陶宛和法国［在法国埃朗库尔市（Elancourt）进行了初步测试］。与投影相关的功能是用户对数字教材最期待的部分，因此，所有出版社都将教材的可投影性作为产品开发的主要方向。

尽管在为整个班级的学生配备笔记本电脑方面已经进行了大量投

资，但国家和地方当局仍决定朝着这个方向采取更多行动，[1]并期待这些工具在教育方面作出更大贡献（将教育信息通信技术纳入学校实践），以减轻学生书包重量。

平板电脑比微型笔记本电脑更轻巧，更适合阅读，而且还具有数字交互功能，但不适合考试、作文及其他作业任务。通过投影仪实现平板电脑与交互式白板的结合，似乎能够有效地促进教师与学生间的互动，满足用户期望。虽然平板电脑并未覆盖全部学习活动，但学生同样可以利用家庭计算机或学校机房，访问数字工作空间、文本处理器和Flash阅读器，并非仅有平板电脑一个途径。因此，其上述"缺点"并不一定令人望而却步，正相反，它已为许多学校所青睐。

加利福尼亚卡凯公司（Kakai）于2010年开发了一种装有两个触摸屏的平板电脑（KNO），它可以通过双屏显示双页，重现纸书的阅读格式。大多数人认为这种技术可以在教室中找到自己的位置，尤其是在使用交互式白板的情况下。但卡凯公司暂停了该产品的开发，因为其重量超过了传统平板电脑，而且价格过高（两种版本分别为599美元和899美元）。目前该公司已将其硬件业务出售给了英特尔，而英特尔接手此项目并加以改进，使其更方便使用且更轻便。

需要强调的是，在平板电脑等数字教材载体的具体使用方面，鉴于并无国家层面的使用规定，因而均由各学校自主制定。下面以法国马赛的让·佩林高中（Lycée Jean Perrin）为例，简单介绍平板电脑在学校层面的使用规定。[2]

---

[1] 作为我们已经提到的试验的一部分。

[2] CATY A. Tablettes numériques: Convention et mode d'emploi［EB/OL］. Lycée Jean Perrin. 2020-01-09［2020-02-08］. https://lyc-perrin-soa.ac-versailles.fr/portail/actualites/article/tablettes-numeriques-mode-d-emploi.

在"用户手册"中，首先介绍了平板电脑的归属（职业高中一年级、二年级和三年级的所有学生，以及与新课程相关的普通高中和技术高中的一年级和二年级学生）、参与方式和分发规则。其次，更为重要的是"平板电脑出借协议"，共分为协议文件、目的、设备出借条件、一般使用条件与规则、违反协议情况、调解、数据保护、声明等8个条款。

在所有权归属方面，明确设备不是学生或其代表的财产，而是大区的财产，退还时间限定在学生毕业离校之前。在使用期间的设备维护方面，将平板电脑的保修期定于制造商承诺的自交付给学生之日起的2年。日常使用过程中如出现设备故障，由分销商根据保修条款处理，并在尽可能短的时间内提供可用的设备。在此期间还可借用替换设备。

在设备管理及权责方面，其用途应主要是教育性的，学生可以在此存储个人数据，只要该数据量不妨碍预期的教育用途即可。在学校内部使用时，该设备被视为学校计算机系统的一部分，当该设备作为学校组织旅行的一部分时，学校同样具有完全的权利。在课余时间使用时，学生可以在其代表的监督下根据个人需要将设备用于娱乐或文化用途。在学校外部进行的任何互联网连接，无论是在学生的住所还是其他任何接入点，甚至是公共场所，均应由法定代表人全权负责。

在个人数据保护方面，学生个人数据的控制者是法兰西岛大区，数据保留期即是学生在学校中接受教育的时间，学生有权访问和更正自己的数据，并有清除、异议和限制处理的权利。

亚马逊Kindle电子阅读器也于2011年登陆法国市场。与平板电脑相比，它更轻巧、更便宜，借用该工具可从Kindle商店下载数字书籍（包括教材）等文化产品，从而为教室数字化进一步铺平了道路。

考虑到智能手机越来越高的轻便性和可操作性，其作为教室中阅读端的趋势越来越受到肯定。[1]在瑞士，相关部门已经开始在初中进行试验，旨在测试智能手机履行教室中电子阅读器职能的能力。目前，智能手机已经具备了一个优势，即一些初中生已经配备了最新一代手机，有时它们的使用在日常生活中占有非常重要的地位。但还有待证明的是，智能手机的屏幕尺寸和交互功能可能更适合单独阅读，如果能与交互式白板搭配使用，就可以开展小组合作。

未来还将在轻便性、可操作性和功能丰富性之间不断寻求折中方案，继续推动阅读工具创新型设计，实现教育领域的数字技术发展。相信理想的工具将可以把电子阅读器、平板电脑和智能手机的优点结合起来，共同面对挑战。

（二）资源获取

1. 学校的数字工作空间

根据丹尼尔·卡普兰（Daniel Kaplan）和塞尔吉·普茨·拉乌斯（Serge Pouts-Lajus）在所著《从电子书包到数字工作空间》[2]（*Du cartable électronique aux espaces numériques de travail*）中的介绍，数字工作空间旨在为每个用户（教师、学生、行政管理人员、技术人员、家长和外部参与者）提供与其活动相关的所有数字工具、内容和服务的统一访问点。

---

[1] 电信行业已经开始对其产品的潜力感兴趣，作为教育实践的一部分，"教育"应用程序正在成倍增加，但并非所有应用程序都基于游戏，有些应用程序则针对高等教育。在法国，"开放视频教育"项目已经开发了智能手机应用程序，可以免费访问不同学校的课程视频。

[2] KAPLAN D, POUTS LAJUS S (cir.). Du cartable électronique aux espaces numériques de travail: Une réflexion conduite par la Caisse des dépôts et consignations et la FING［M］. Paris: La Documentation française, 2004.

数字工作空间已然具备随用户个人资料而变化的功能：数字办公室（年鉴、存储空间、日历、办公工具）；通信工具（消息传递、互联网访问）；学校生活服务（时间表、笔记、考勤、行政信息）；教育和文献服务（教育资源、字典和数据库，创建、出版和协作工具）。从学校内部或外部的任何站点（例如家庭或图书馆），均可在经由身份认证后访问数字工作空间，并使用以上功能。

数字工作空间必须允许用户（学生、教师、家长、其他人员）：

——可以方便、统一地获取与其活动相关的功能、资源和服务；

——在学校网络上拥有个人空间，并可进行小组合作；

——受益于一套通用的组织、通信、生产、研究、存储和信息处理服务；

——促进学校生活的组织和教育活动的日常开展；

——在学校以外的环境中工作。

在学校中创建数字工作空间是法国国家政策的一部分，并且该政策的推行非常需要地方当局的参与（市镇、省）。一些学区、大区和省正共同努力在初中和高中部署数字工作空间。"数字工作空间的用途评估"也是国民教育部信息与通信技术分局后续行动的主要内容。[1]

2. KNE、CNS和Wizwiz传播门户

数字工作空间本身并不包含将数字教材整合到一起的教育文献资源，而是通过指向教育数字亭、知识数字频道或Wizwiz公共服务链接，为用户提供可用资源。[2]

---

[1] SERE A, BASSY A-M. Le manuel scolaire à l'heure du numérique-Une «nouvelle donne» de la politique de ressources pour l'enseignement［R/OL］. Rapport n° 2010-087 de l'IGAENR et de l'IGEN adressé au ministre de l'Education nationale.2010-07-01［2020-02-04］. http://lesrapports.ladocumentationfrancaise.fr/BRP/114000048/0000.pdf.

[2] 详情可参阅网站：www.wizwiz.fr.

教育数字亭由阿歇特集团于2004年创建，可以提供诸多出版社（贝林、迪迪埃、阿歇特教育、阿提埃、拉鲁斯、马尼亚赫等）的教育数字内容。同时，它还具有订单管理、发票开具和资源访问等功能。

2003年12月，在国民教育部的倡导下，知识数字频道创建，负责传播31家相关出版社的教育多媒体资源。

Wizwiz允许用户访问教育数字亭和知识数字频道（总共包含60余个出版社）的教育数字资源，涵盖从小学到高中（普通和职业）的所有年级和所有学科。[1]资源主要分为6类：数字教材，媒体资料库，学校生活及指导，参考书和词典，学科资源，支持系统。用户可进行多种搜索：通过下拉列表选择一个或多个条件（年级、班级、学科、资源类型、出版社、媒介类型）或通过菜单直接访问（年级、学科或资源类型）。在检索结具列表中，资源被重新定向到两个门户之一（教育数字亭或知识数字频道），以访问具体资源。总而言之，Wizwiz旨在通过简单高效的搜索引擎，促进用户对两大门户的访问。

三、数字教材的安全保护

数字教材在使用过程中普遍需要进行账户注册，提供姓名、工作单位、邮箱地址、电话等个人信息，如何对此类信息加以保护，受到各数字教材出版社的关注。

需要明确的是，任何一家企业如想正常开展生产经营活动，则必须严格遵守所在国的法律法规，法国自然也不例外，而且除了遵守国家法律，还必须遵守欧盟相关规定。首先，在国家层面，根据法国1978年1月第78-17号《信息技术与自由法》（Loi informatique

---

[1] 还提供了有关高级技术员（BTS）和对外法语（FLE）的资源。

et libertés），使用者有权访问、更正、限制、反对、删除和移植其个人数据，并可以随时行使这些权利。其次，在欧盟层面，2018年5月生效的欧盟《一般数据保护条例》（General data protection regulation，GDPR）也于第三章详细规定了数据主体的权利。以上两者共同构成了法国数字教材中个人信息保护的法律依据。

具体到每个出版社，在执行方式上略有不同。贝林出版社表示已向法国国家信息技术与自由委员会声明，遵守上述法律法规。塞萨玛斯教师协会在"定型化契约"第13条中明确表示遵守《一般数据保护条例》，仅收集供平台正常运行，以及供统计分析并优化网站上的浏览体验所需的数据，并将其存储在法国的安全服务器上；不会收集与种族或民族血统、政治、宗教或哲学信仰、遗传或生物特征信息，与健康或性取向有关的信息，以及与刑事定罪或犯罪等有关的任何数据；不出售、出租或共享任何个人信息，还可根据用户要求，使其获取到个人数据。

阿歇特出版社在2019年1月修订的个人信息规定中表示，为确保出版社遵守适用条款并履行其监管义务，任命了一名数据保护官，用户可通过邮箱与其联络。详细规定了身份数据、联系方式、兴趣/文学品位等不同类别的个人信息的处理目的、处理的法律依据、最大数据保留期以及在欧盟境外转移情况。阿歇特出版社表示，所收集的个人数据被保存在安全的环境中，并根据法律声明对信息进行托管，专用于阿歇特集团，在任何情况下都不会出售或出租给第三方。采取了所有适当的物理、技术和组织措施，以确保个人数据的安全性和机密性，防止其丢失、意外破坏、被篡改和未经授权的访问。证明自己身份的用户可以行使其访问、纠正、擦除或携带数据的权利，以及限制处理或反对处理的权利。还可定义关于其死亡后数据命运的指令，有权要求关闭死者所用账户，并禁止处理他们的数据。

　　勒利弗尔斯克莱赫出版社在"定型化契约"第8条中主要规定了信息保密条款。对未成年人的必要个人数据，公司必须在事先征得其父母同意的情况下才会处理这些数据。对订购过程中收集的与客户有关的信息和数据处理，也进行了详细规定，将传输给负责管理、执行和处理付款交易的公司，在确保安全的条件下进行处理，并存储在有法律声明标识的网站主机上。公司也承诺采取所有必要的技术和组织安全措施，以保护用户个人数据的机密性和安全性。

　　阿提埃出版社同阿歇特出版社一样，也任命了一名数据保护官。在"个人数据章程"中，依次明确了个人数据的定义、章程目的、个人数据处理负责人、不同数据收集和处理具体情况（包含对未成年人数据的保护措施）、个人数据收取者（第三方技术服务提供商、学校发布者、司法或行政机构等）、个人数据的安全和保护措施、用户权利、适用的法律和求助手段。纳唐出版社在"个人数据保护章程"中明确了保护个人数据的措施、数据传输情况、信用卡付款、小型文本文件和其他追踪器[1]、所需设备、内容和责任等情况。

　　总的来看，各个数字教材出版社在个人数据保护方面的措施详略不一，在专门职位设置、未成年人保护、用户身故后的数据处理等方面存在一定差距，尚未形成统一的行业标准。

四、数字教材的售价

　　所有法国教材出版社都提供两种数字教材价目表：一种面向拥有

---

[1]　某些网站为了辨别用户身份、实行会话控制而对储存在用户本地终端上的数据（数据通常要经过加密）所进行的跟踪。

纸质教材的用户，另一种则面向只希望使用数字教材的用户。法国数字教材的大体售价见表4-6。

表4-6　贝林出版社初中Lib数字教材价目表[1]

用户	持有纸质教材者		单买数字教材者	
年份	2011	2020	2011	2020
费用	简易版—— Lib'Basic 教师版 免费使用4年	简易版—— Lib'Basic 教师版 免费使用10年	—	—
	多功能版—— Lib 教师版 4年99欧元 1年29欧元	多功能版—— Lib 教师版 5年79.5欧元 1年29欧元	多功能版—— Lib 教师版 4年375欧元 1年29欧元	多功能版—— Lib 教师版 5年259欧元 1年89欧元
	多功能版—— Lib学生版 课堂设备（至少20人使用）： 每名学生4年5.5欧元	多功能版—— Lib学生版 课堂设备（至少20人使用）： 每名学生1年2.5欧元，5年9.9欧元	多功能版—— Lib学生版 课堂设备（至少20人使用）： 每名学生4年29欧元	多功能版—— Lib学生版 课堂设备（至少20人使用）： 每名学生1年5欧元，5年19.9欧元

数据来源：BOULET A. Le manuel scolaire numérique, produit éditorial et outil documentaire à valeur ajoutée: anatomie d'un concept en développement, enjeux et perspectives de son intégration dans les pratiques éducatives［D/OL］. Archives-ouvertes. 2012−03−15［2020−02−15］http://memsic.ccsd.cnrs.fr/mem_00679415; https://www.belin-education.com/catalogues.

对于贝林出版社纸质教材的用户来说，数字教材的价格显然更具优势。而且，仅使用学生版数字教材的价格与纸质教材相差无几，而搭配使用显得更为合理（见表4-7）。

---

[1]　参见：https://www.belin-education.com/catalogues.

表4-7　贝林出版社法语—语法纸质教材（初中学生用书）价目表

法语—语法		
年份	2011	2020
费用	初中一年级、二年级 19.9欧元	初中一年级22.5欧元、初中二年级22.9欧元
	初中三年级、四年级 22欧元	初中三年级、四年级 23.5欧元

数据来源：http://www.editions-belin.com/ewb_pages/c/catalogue_interactif.php?article= 98321, https://www.belin-education.com/catalogues.

当前，产品的实物销售（纸质教材、软件、只读光盘）是上述不同类别出版社运行的经济基础，无论是为了维持运转而不是为牟利（塞萨玛斯教师协会），抑或是为了营利并保证其发展（勒利弗尔斯克莱赫出版社）。

勒利弗尔斯克莱赫出版社直接销售这些教材的纸质版本，并且还免费提供初中一年级、二年级和三年级的历史—地理、法语及英语数字教材的教师版（可个性化定制、可投影）和学生版（配有互动练习）。

表4-8　勒利弗尔斯克莱赫出版社纸质教材价目表

品种　　版本	2011版	2020版
初中二年级历史—地理	19.5欧元	24.9欧元
初中三年级历史—地理	21.5欧元	25.9欧元
初中二年级法语	19.5欧元	21.5欧元
初中三年级法语	20.5欧元	22.5欧元
初中一年级简易英语	教材：10欧元 作业本（习题册）：6欧元	教材：18.9欧元 作业本：7.5欧元

数据来源：https://lls-public-ressources.s3.amazonaws.com/bons_de_commande/BDC_College_ papier_2018.pdf.

根据法国1901年《协会法》建立的非营利性组织塞萨玛斯教师协会，其提供的免费数字教材可在网站下载，并可获得一套免费软件工具。此外，它们还开发了一些有偿服务，包括售卖纸质教材、光盘和练习册等。通过销售这些产品收取的特许权使用费，加上捐助者的出资，构成了该协会的收入来源。获取的资金用于支付会员的差旅费和管理费（住宿、场地、域名、服务器、设备）、员工报酬（即代表协会的员工）、技术任务费用（例如维护托管多个站点的服务器）和教师费用（根据补偿原则），以及投资或支持塞萨玛斯教师协会的相关计划。

五、实例：Lib'数字教材库

（一）Lib'系列数字教材的生产工作：解构与重构

贝林出版社起初通过开发专用软件工具，将纸质教材转换为数字版本。2010年，Lib'的制作团队力量增强，几个月后就可以通过Lib'在线发布约50本法国教材，包括历史—地理、生命与地球科学、物理—化学、经济和社会科学、数学、语言（英语、意大利语、西班牙语）和公民教育等学科，适用于初中和高中（普通和职业）。Lib'常设团队由项目经理、开发人员和网站管理员组成，与外部开发团队（服务提供商）一同工作。

网站管理员会调整内容，进行解构及重构：将设计模型的内容导入到生产界面中进行转换。整合文本后，将页面分解成独立的文档单元，然后将其合并到数字教材的结构中，以便从视觉上忠实地再现纸质教材的内容。此外，还在教材内容与多媒体资源（视频、音频、动画）之间创建了链接，并将其分组设置在Lib'的"多媒体中心"上。

随着界面的不断改进，生产一个Lib'所需的时间由2010年初的一

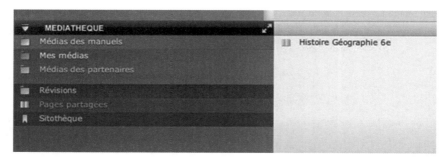

图4-1　Lib'多媒体中心

图片来源：BOULET A. Le manuel scolaire numérique, produit éditorial et outil documentaire à valeur ajoutée: anatomie d'un concept en développement, enjeux et perspectives de son intégration dans les pratiques éducatives［D/CL］. Archives-ouvertes. 2012-03-15［2020-02-15］http:// memsic.ccsd.cnrs.fr/mem_00679415.

周半减少到了5天，做到与纸质教材同步生产。设计团队还对运行结构进行了调整，以方便在构成文档单元的框架内处理文件。现在，出版社和作者都按照数字教材的结构来编写每本教材。

（二）功能的选择

数字教材的功能细化使得多功能版的教师用户能够通过一个或多个Lib'及多媒体中心，选择并汇总所需的要素来开发原创性资料。

在这方面，Lib'具有类似于文档管理界面的一组功能，可操纵每个要素（与教材相关的文档单元、多媒体资源、教学补充内容），将其整合到双面空白页中。教师还可根据现有的双面结构复制自己的个性化作品，通过工具栏可实现插入文本，修改现有文本（引用除外），突出显示或圈起要素，添加箭头、注释，删除或隐藏等功能。

此外，还可将合作伙伴提供的多媒体资源、教育补充资料、已保存并标记在"多媒体中心"下"我的媒体"中的个人文档整合到个性

图4-2　Lib'工具栏

图片来源：BOULET A. Le manuel scolaire numérique, produit éditorial et outil documentaire à valeur ajoutée: anatomie d'un concept en développement, enjeux et perspectives de son intégration dans les pratiques éducatives［D/OL］. Archives-ouvertes. 2012−03−15［2020−02−15］http://memsic.ccsd.cnrs.fr/mem_00679415.

化作品中[1]。如此创建的课程资料和教育产品，可以在"我的课程"下的文件夹中进行命名、标记和分类，还可在线共享。

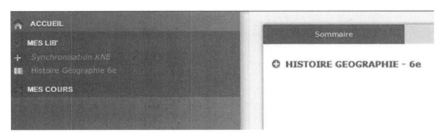

图4-3　Lib'目录与个性化课程

图片来源：BOULET A. Le manuel scolaire numérique, produit éditorial et outil documentaire à valeur ajoutée: anatomie d'un concept en développement, enjeux et perspectives de son intégration dans les pratiques éducatives［D/OL］. Archives-ouvertes. 2012−03−15［2020−02−15］http://memsic.ccsd.cnrs.fr/mem_00679415.

（三）技术的选择

　　Lib'的特点之一是允许用户建立数字教材库，进而为创建课程页面增加可利用资源。事实上，如果针对同一学科的（同班）学生改编课程，可以借鉴与他们的年级相匹配的教材，也可以借鉴前一年（复习）或下一年的教材（概览），将法语、历史、公民教育、生命与地

---

[1]　当用户从他的个人工作站导入文件时（尤其是从Web上获取的文件），便意味着他选择承担责任：来自出版社的文本（在法律声明中）提醒他，有必要遵守作者相关权利的限制。关于出版社提供的内容，出版社与权利持有者应就受其启发而开发的数字教材的使用和复制条件进行协商。

球科学和地理等学科加以融合，形成可持续发展的课程。

　　并非所有生产数字教材的教材出版社都提供这种在虚拟图书馆中重组教材的服务。而提供这些服务的出版社（如马尼亚赫、阿歇特）均使用"交付技术"（交付管理器和交付阅读器），已注册用户可在单个界面（意即"库"，可通过阅读工具访问）获取数字教材。

　　教育数字亭也使用此技术，这使得出版社或教育数字亭可以向其数字产品的用户提供很大一部分固有技术资源。如果外部技术开发需要在人力和物力上进行大量投资，那么通过开发"内部"工具来创建数字教材并提供给用户不失为一个优秀的解决方案。量身定制的教材不但尽可能贴近用户期望，还可在内部进行更新和维护，从而避免了对服务提供商的依赖。

第六节

数字教材发展前景及挑战

　　法国的教材出版社对数字教材的开发，是一种基于实践中明确的潜在需求，旨在开拓新兴市场的举措。这样的行为具有不确定性，只能不断摸索、反复试验，最终冒着风险完成决策。开发学校教材的出版社主要有贝林、纳唐、阿歇特、阿提埃及其子公司迪迪埃、马尼亚赫、博达斯、雷兹。它们在过去几年中都开发了数字教材，特别是允许用户通过修改或添加文本/文档来实现个性化的版本。

　　编制数字教材并非教材出版社的特权：塞萨玛斯教师协会的教育作家团体就发出了以协作方式编写出版物的提议，这一提议旨在以互联网为平台，向所有人提供免费的数学教育资源和开放源代码工具。该协会声称，这是一种公共服务举措，基于免费使用数学资源和自由软件的价值观，授权对在线文档和软件进行修改、发送和复制，从某种意义上说，即是获得了免费许可。为了解决生产成本，保证正常运转和透明度，该协会要求国家和地方当局提供补贴，并对其宣传的资源尽可能地加以辅助传播。

　　教材出版社究竟是如何看待其竞争对手及研发方向的？贝林出版社的塞巴斯蒂安·勒·普拉德（Sébastien Le Plaideur）在2011年接受某网站[1]采访时，表达了他对这个问题的看法：通过销售纸质教材，免费数字教材出版社的群体正在壮大，但是一旦缺少了这种收入来源，就很难生存下去。此外，协作模式下免费资源的创建，通常与包含较少文本的数学教材有关（因为生产成本较低），而对于包含很多受版权保护的文本和图像的历史教材来说，问题就多了。他还补充说，教材出版社的商业知识对他们自己是有益的："就像新闻界一样，虽然数字媒体已经到来，但仍然需要新闻工作者，教材也总是需要出版社。"[2]

　　萨瓦尔-利弗尔（Savoir-Livre）协会[3]主席伊莎贝尔·玛格纳德（Isabelle Magnard）表示，她对开发自由且免费的数字教材"充满好奇

---

[1]　该网站致力于巴黎国立高等电信学院（Telecom ParisTech）的学生工作，主要面向"信息和通信技术的道德与挑战"课程。

[2]　BOULET A. Le manuel scolaire numérique, produit éditorial et outil documentaire à valeur ajoutée: anatomie d'un concept en développement, enjeux et perspectives de son intégration dans les pratiques éducatives［D/OL］. Archives-ouvertes.2012-03-15［2020-02-15］http://memsic.ccsd.cnrs.fr/mem_00679415.

[3]　由贝林、博达斯、阿歇特、阿提埃、马尼亚赫和纳唐等出版社组成的协会。

和兴趣"，并认为塞萨玛斯教师协会是已经在市场上存在多年的成熟的
出版团体。尽管如此，她还是像塞巴斯蒂安·勒·普拉德一样强调说，
与数学资源（原则上不包括受版权保护的文件）不同，很多事情对于
多学科数字教材（例如由勒利弗尔斯克莱赫开发的教材）来说，就会
成为问题：资料的专利权使用费便是一笔可观的费用，而且还必须做
到完全自由地访问这些受知识产权法保护的资料。[1]

　　教材出版社推出第一批数字教材的同时，一些新人也进入了这个
市场。在传统出版社需要克服的困难中，增添了"激烈的竞争环境"，
这也是生产新产品需要额外成本的原因：纸质教材的生产需要额外投
资12万欧元，数字教材需要额外投资18万欧元。产生这笔额外费用
有内在原因，如发动更多作者，资源整合，支付所有相关费用等，也
有外在原因，如印刷行业的增值税由5.5%提高到19.6%。

　　此外，学校基础设施不足也阻碍了数字教材的推进。但是，这
种情况势必会改变，特别是诸如"创新的数字学校和农村"计划
（écoles numériques innovantes et ruralité）等的国家行动在实施。因此，
教材出版社选择押注未来，致力于开发数字教材，将纸质教材获得的
利润作为投资资金，暂时弥补数字教材生产方面的不足。目前，数字
教材的营业额仅约占出版社总营业额的1%。[2]

　　2011年年初，勒利弗尔斯克莱赫出版社比往常提前一个月出版了

---

[1] 本段转述自伊莎贝尔·玛格纳德。参见：BOULET A. Le manuel scolaire numérique,produit éditorial et outil documentaire à valeur ajoutée: anatomie d'un concept en développement, enjeux et perspectives de son intégration dans les pratiques éducatives［D/OL］. Archives-ouvertes. 2012-03-15［2020-02-15］http://memsic.ccsd.cnrs.fr/mem_00679415.

[2] SERE A, BASSY A-M. Le manuel scolaire à l'heure du numérique-Une《nouvelle donne》de la politique de ressources pour l'enseignement［R/OL］. Rapport n° 2010-087 de l'IGAENR et de l'IGEN adressé au ministre de l'Education nationale. 2010-07-01［2020-02-04］. http://lesrapports. ladocumentationfrancaise.fr/BRP/114000048/0000.pdf.

两册初中三年级教材。这归功于"Gutenborg数字化生产链",这些是第一批实现纸质和数字版本同时出版的教材,而且还不会产生任何额外费用。

数字教材的设计需要对以下方面进行投资:研发周期,定期更新,调集材料资源和时间/人力(设计、项目监控、用户问题的技术解决方案)以适应新的支持平台(例如平板电脑)。此外,数字教材还包含比纸质教材更多的资源,这一现实情况也对售价产生了影响。

前学校教师、网站管理员兼教育顾问、numicalole.fr网站作者安娜贝尔·圣保罗(Annabel Saint-Paul)说,不应忘记"最终,数字教材的到来仍然意味着印刷、存储和样张等花销的降低,因此,必须有一种盈利途径。显然,基于现有纸质教材数字化的解决方案并不令人满意。我们也试图在不真正改变产品的情况下,改变经济模式。那么未来是否并非全是数字教材的天下,如果之后出现需求,纸质教材甚至可能卷土重来?"[1]

这个问题并非没有意义,但只有在明确当前使用的生产方式发生根本性动荡的情况下,传统的教材出版社才可能采用这种生产系统:在这样的系统中,纸质出版社、版面设计者和领域内专家的位置何在?自2009年数字教材开始出版以来,教材出版社就致力于生产混合产品:印刷和数字产品。实际上,将这个新的生产链叠加在第一条生产链上,需要团队和作者投入大量精力来编写补充内容。编辑数字产品所需的技能是特定的,实施单个生产链所需的培训和资源结构重组也是必不可少的。

---

[1] 参见:http://www.numericole.fr/index.php?option=com_content&task=view&id=50.

出版社对国家的期望是将数字教材成功地纳入学校实践，这与帮助他们承担相关生产成本的财政援助没什么关系，真正与之相关的是对学校和用户的支持。在一场关于数字教材调查的新闻发布会上，西尔维·马塞（Sylvie Marcé）强调了这一立场："我们不是在寻求补贴，而是在寻求国家的承诺，以便我们能够实现数字教育产品的进一步发展。"[1]

曾参与调查的教材出版社也已经确定了数字教育的七个发展条件和三个工作方针，以便在全国范围内取得成功［由时任法国总理弗朗索瓦·菲永（François Fillon）发起，获得了高等教育部部长的授权］。具体来看，七个教育数字化发展条件分别是：采取积极的国家政策来发展基础设施（全国所有学校配备高速互联网）；国家与地方当局密切合作，以减少区域间不平等，并在全国范围内采用兼容的技术解决方案和标准；明确资助的内容和方式，以便所有学生平等地使用数字资源；版权保护，以激发和保护开发新的教育资源所必需的创造力；明确公共出版业和私营出版业之间的竞争条款，以清晰定义适用于所有人的竞争规则并遵守法律；支持教师在学校中加快使用教育信息通信技术，推进以个性化发展为目标、以学生为中心的新型教学形式；设定5.5%的数字教具增值税，以促进数字教材的传播。

三个工作方针是：（1）优化教育系统：地区设备、师资培训和数字资源证书。包括高性能设备（在全国范围内用宽带连接学校）、可获取的教育资源（数字教材的特定设备信贷），支持资源的获取而不是资源的创造、入职和在职教师培训（普及信息技术和互联网证

---

[1] 转述自西尔维·马塞。参见：http://www.cafepedagogique.net/lexpresso/Pages/2010/05/280510_Manuel snumeriquespremiersretours.aspx.

书，配备笔记本电脑等教师个人设备）、高效的维护（快速帮助和故障排除，设立专人负责IT设备的建设、技术监测和维护）。（2）促进投资：为学校提供设备，激发创造。包括：国家与地方当局之间负责任的沟通（预先计划改革和计划变更，执行特定预算）；在所有利益相关者（政府、社区、家长、出版社）之间开展磋商，以实现不同地域学生的平等；尊重版权（以创建适应新用途的新内容）；纸质和数字出版业增值税税率一致（以免减慢数字化的实施）。（3）与公共出版和行政信息指导委员会一起，明确公共出版业和私营出版业之间的竞争规则。包括在欧洲范围内研究保护私营出版业的公共举措（由第31学区、教育资源门户网站和公立学校共同承担），在创建和传播教育资源方面定义各个角色（在相同条件下为所有教育参与者提供公共资源和公平定价）。面向各个年级的所有学生推广，估计需要5亿欧元。同时，出版社也提出了一些有助于其成功的建议：发展教师在职数字培训，实施技术支持，明确竞争条件并尊重版权，明确国家和地方当局管理范围，协调统一纸质和数字出版业5.5%的增值税。

在学校实践中引入数字教材的根本挑战之一是，基于课程和共同基础确定的教育目标，实现国民教育部和使用者的期望，还需要与学校文献资源及信息通信技术实践的发展保持一致。

将数字教材作为文献资源，辅以对其他资源的利用，共同构成了法国教材史上最新的重大发展。过去40年中对教育目标和实践的重新定义，从逻辑上影响了教材的设计，其结构已更加适应零散阅读而非线性阅读。

作为实施课程和教育政策的工具，教材主要由国家资助，由教师选择。在受法国特定传统和法规限制的市场中，数字教材也是教材出版社的产品之一。更准确地说，数字教材丰富了出版社的纸质产品，但不能取代纸质产品：有关参与者、生产者、消费者和用户既未设想过也不希望用数字教材取代纸质教材。根据2009年在国民教育部主持下进行的"数字教材试验"所收集的信息，在大多数受访教师看来，纸质教材仍然适合多种用途（阅读、学生自主学习、个人练习），而与交互式白板一起用于投影的数字教材，在实现更好交互性的情况下（音频或视频演示、小组练习），可以不断提升自身价值。出于经济和教育原因，从事出版和教育工作的人员更喜欢将数字教材作为纸质教材的补充。

投影功能，以及学生可通过任何计算机或阅读器访问教材的功能，都消除了运输的需要。数字教材满足了教育界的部分期望，但不是全部。借助新技术，用户获取到近乎全部的教育资源和工具，设计出适合学生需求的课程和学习材料，这也是当今国民教育部期望教师具备的一部分技能。

从分散的资源中构建教学内容及方案是教学实践的一部分，出版社的探索已为数字教材的功能演进指明了方向。最新一代产品以实体文档的多索引为结构，这些索引可模块化，可修改，可丰富（多媒体资源，大都来自合作伙伴），可添加外部文档，均旨在满足实践中的固有需求。数字教材和学校实践正在不断互动，作为回报，数字产品为教学带来了越来越广泛的可能性（内容个性化、提供资源、在线共享和协作、学生的数字教育等）。

准确地说，学生的数字化及文献资源教育是当今学校使命的重要组成部分。教材是教师完成这项任务所必须依靠的工具之一，让学生面对信息通信技术的困难程度比想象中的要复杂得多：学生可以通过计算机、平板电脑和智能手机浏览网页和社交平台，但并不能充分利用它们进行数字化学习。在国民教育部为资料员、教师和教育顾问制定的《教师技能参考》中，包括了对学生进行文献研究、选择和使用新技术方面的培训，尤其是针对数字文献。教师除了传授学科专业知识外，还应向学生传授一系列新知识和新技能，特别是与文献资源相关的技能。当前的教育系统是否为这一方向提供了所有必要的手段？将由资料员和教师提供的专门教学课程纳入课程体系是否可取？如今，针对这一方向的相关举措已在学校和省等地方层面开始实施。

第五章

案例分析

鉴于我国对有关欧美国家STEM教材的研究已较为丰富，同时为理解教材背后的价值选择，本书选择历史教材作为案例展开分析。

在小学教材方面，马尼亚赫出版社出版的奥德赛欧（Odysséo）系列小学教材至今已连续再版10余年，取得了不俗的成绩，成为该出版社的重要系列。在初中和高中教材方面，虽然勒利弗尔斯克莱赫出版社成立时间较短，但近年来表现抢眼。该出版社在2016年新版初中教材的销售中占到了约10%的市场份额。[1]随着2019年高中教学大纲的修订，该出版社又开始涉足高中教材。在新版高中教材的销售中更是获得了普通高中16%的市场份额，[2]上升势头迅猛。下面以马尼亚赫出版社的小学历史教科书、勒利弗尔斯克莱赫出版社的初中和高中历史教科书为例[3]，从教科书的内容框架、呈现方式、编写特点、对重大历史事件的描述等方面进行对比分析，为读者呈现法国教科书的具体样貌。

---

[1][2]　参见：https://www.livreshebdo.fr/article/lelivrescolairefr-revendique-16-de-part-de-marche-au-lycee.

[3]　三本教科书均为现行版法国中小学教科书，其中小学、初中阶段教科书根据法国2015版教学大纲编写而成，高中阶段教科书根据法国2019版教学大纲编写而成。在法国现行高中课程设置中，涉及历史科目的共有两个学科，分别是所有学生在高一至高三阶段都需要学习的基础类课程"历史—地理"，和根据学生个人选择，只在高二、高三阶段开放的专业选修类课程"历史—地理、地缘政治与政治科学"。考虑到高中"历史—地理"学科更为广泛的适用对象，这里选择高一、高二、高三年级"历史—地理"学科教科书中的"历史"部分进行分析。

第一节

法国历史教材的内容框架

一、小学历史教材内容框架

表5-1　小学历史教材内容框架总览

年级	主题	章节	内容
小学四年级	主题一前法国时代	第一章	漫长的史前史
		第二章	公元前1000年的高卢凯尔特人（Gaule celtique）
		第三章	被罗马人征服的高卢
		第四章	高卢人与罗马人的信仰
		第五章	罗马帝国的新居民
		第六章	查理曼大帝（Charlemagne）：法兰克国王与查理曼帝国皇帝
	主题二王权时代	第七章	路易四世（Louis Ⅳ）与王权
		第八章	弗朗索瓦一世（François Ⅰ）：法兰西国王
		第九章	法国皇后
		第十章	亨利四世（Henri Ⅳ）与南特赦令（L'édit de Nantes）
		第十一章	路易十四（Louis ⅩⅣ）：太阳王（1638—1715）
		第十二章	王权时代世界中的法国

（续表）

年级	主 题	章节	内 容
小学四年级	主题三法国大革命与法兰西帝国	第十三章	18世纪末法国的危机
		第十四章	法国大革命的开端
		第十五章	1789年之后法国的革命年代
		第十六章	拿破仑·波拿巴：将军与皇帝
小学五年级	主题一共和国时代	第一章	共和国的100年
		第二章	共和国的学校
		第三章	共和国时期的法国殖民帝国
		第四章	法国：一个共和国、一个民主国家
	主题二法国的工业时代	第五章	能源、机器与进步
		第六章	法国的工业世界
	主题三从世界大战到欧盟	第七章	第一次世界大战（1914—1918）
		第八章	1914—1918：全面战争
		第九章	第二次世界大战（1939—1945）
		第十章	战争期间的法国人
		第十一章	欧洲的建设

二、初中历史教材内容框架

表5-2　初中历史教材内容框架总览

年级	主 题	章节	内 容
初中一年级	主题一人类的悠久历史及其迁徙	第一章	人类的诞生
		第二章	新石器时代的人类
		第三章	第一个国家、第一种文字

（续表）

年级	主　题	章节	内　容
初中一年级	主题二 公元前1000年古地中海开创者、信徒和公民的故事	第四章	希腊城邦的世界
		第五章	罗马——从神话到历史
		第六章	犹太民族的诞生
	主题三 古罗马帝国	第七章	罗马帝国
		第八章	罗马帝国中的基督教徒
		第九章	罗马帝国与其他古代世界的联系
初中二年级	主题一 基督教与伊斯兰教（6—13世纪），相互联系的世界	第一章	拜占庭与欧洲加洛林王朝（L'Europe carolingienne）
		第二章	伊斯兰教的诞生与传播
	主题二 封建西方（11—15世纪）的社会、教会和政治权力	第三章	中世纪的封建领主与农民
		第四章	中世纪的城市
		第五章	封建制度与国家的出现
	主题三 16世纪和17世纪欧洲的转型和向世界的开放	第六章	16世纪的世界
		第七章	人文主义、宗教改革与冲突
		第八章	从文艺复兴时期的君主到绝对皇权
初中三年级	主题一 18世纪的扩张、光明与革命	第一章	18世纪大型商贸、人口贩卖与奴隶制
		第二章	启蒙运动时期的欧洲
		第三章	法国大革命与帝国
	主题二 19世纪的欧洲与世界	第四章	工业时代的社会
		第五章	殖民征服与社会

（续表）

年级	主　题	章节	内　容
初中三年级	主题三 19世纪法国的社会、文化与政治	第六章	一次艰难的征服——投票权
		第七章	第三共和国
		第八章	19世纪女性在社会中的地位
初中四年级	主题一 欧洲，全面战争的主要战场（1914—1945）	第一章	第一次世界大战
		第二章	两次世界大战之间的民主与极权政治
		第三章	第二次世界大战
		第四章	第二次世界大战中的法国
	主题二 1945年之后的世界	第五章	新兴国家的非殖民化
		第六章	冷战
		第七章	欧洲的建设
		第八章	1989年之后的世界
	主题三 重塑共和国的法国儿女	第九章	1944—1947：重建共和国
		第十章	第五共和国
		第十一章	20世纪50—80年代社会中的女性与男性

三、高中历史教材内容框架

表5-3　高中历史教材内容框架总览

年级	主　题	章节	内　容
高中一年级	导言	序章	历史分期
	主题一 地中海——古代与中世纪的印记	第一章	古代的地中海——希腊与罗马的印记
		第二章	中世纪的地中海——三大文明的冲突与交流

（续表）

年级	主题	章节	内容
高中一年级	主题二 15—17世纪——世界的新联系与知识的变革	第三章	"大发现"带来大西洋的开放
		第四章	欧洲的变革——文艺复兴、宗教改革、人文主义
	主题三 近代国家——法国与英国	第五章	法兰西王国时期国家的确立
		第六章	英国模式及其影响
	主题四 17—19世纪社会的活力与断裂	第七章	启蒙运动与科学的发展
		第八章	等级社会的紧张关系、变动与仇视
高中二年级	主题一 革命浪潮下的欧洲	第一章	法国大革命与帝国——新的国家概念
		第二章	欧洲的复辟与革命（1814—1848）
	主题二 欧洲民族中的法国——政治与社会（1848—1871）	第三章	民主年代的艰难开端——法兰西第二共和国与法兰西第二帝国
		第四章	法国经济与社会的加速变革
		第五章	法国与欧洲新国家的建立——战争与外交
	主题三 1914年前的法兰西第三共和国——政体与殖民帝国	第六章	共和规划的落地
		第七章	法国社会的稳定与变革（1870—1914）
		第八章	法国本土与殖民地（1870—1914）
	主题四 第一次世界大战：欧洲的"自我毁灭"与欧洲帝国的终结	第九章	世界动乱与几大关键阶段
		第十章	战时社会——人民参与与牺牲
		第十一章	走出战争——民主国家的构建

（续表）

年级	主　题	章节	内　　容
高中三年级	主题一 民主的脆弱、极权主义、第二次世界大战（1929—1945）	第一章	1929年危机的冲击：经济与社会的失衡
		笫二章	极权主义政体
		第三章	第二次世界大战
	主题二 两极化世界中倍增的国际参与者（1945—1970）	第四章	第二次世界大战结束与新世界秩序的开始
		第五章	地缘政治的重新分牌与第三世界的出现
		第六章	法国在世界中的新位置
	主题三 再次遭受质疑的政治、经济与社会（1970—1991）	第七章	世界经济、政治平衡的改变
		第八章	1974—1988年的法国：社会、政治与经济的转折点
	主题四 自1990年起的世界、欧洲与法国：合作与冲突	第九章	新的国家关系与世界问题
		笫十章	欧洲的建设：扩张、深化、质疑
		第十一章	法兰西共和国

　　法国的历史教学大纲规定，中小学历史课程以主题为单位展开，每个主题下设2—6个章节，章节内部的组织形式由出版社自行决定。由上文对法国中小学历史教材内容框架的分析可以看出，小学阶段的历史课程主要围绕法国展开，挑选了从史前到现当代法国历史进程中重要的历史事件、人物，主要目的在于帮助学生建立历史学科的初步概念，了解法国历史上最重要的几大阶段。在此基础之上，初中阶段以法国、欧洲为中心，更为全面地讲述了从史前到现当代的政治、经济和文化发展史。高中则从古希腊、古罗马时期讲起，总体上仍然以时间发展为线索，但从内容上来看，相比于小学、初中的历史课程，

高中更多地着墨于15世纪后的历史，尤其是对第二次世界大战后世界的发展作了更为全面、深入的讲解。

从阶段与阶段之间的内容设置来看，法国小学、初中、高中不同阶段的历史教学内容总体上采取的是循环讲解、不断深化扩展的思路。小学、初中、高中各阶段内部均是从公元前开始讲起，一直讲到现当代。对于一些重要的历史事件，如启蒙运动、法国大革命、第一次世界大战、第二次世界大战等，每个教育阶段都会对其进行重复学习，但这种重复学习并不是对既得知识的简单复习，而是随着学生心智的成熟和知识的积累，一方面不断深化对于此类重点历史事件的认知，另一方面对学生的能力培养提出更高的要求。

从各阶段具体的主题设置来看，无论是小学、初中还是高中，其内容基本上都围绕法国、地中海沿岸、欧洲展开。在国别上，除本国外，较多关注英美两国，而对其他大洲，尤其是亚洲、南美洲、大洋洲的发展历史关注较少。

第二节

法国历史教材的呈现形式

一、小学历史教材呈现形式

法国小学历史教材将四年级、五年级的历史内容编入了同一册课本，整册书由前言、正文、附录三部分组成。

（一）前言

主要由"作者介绍""参考文献""序""教材介绍""第三学段介绍""目录""学习方法介绍"七部分组成。

1. 作者介绍

介绍了马尼亚赫出版社小学历史教材的作者，共5位，其中包含2位教育顾问、1位历史—地理教师、1位培训师和1位教育督导员（兼任作品协调员），主要来自弗朗什—孔泰大区（Franche-Comté）和贝桑松学区（Académie de Besançon）。

2. 参考文献

罗列了教材编纂过程中用到的文献资料，共17条。

3. 序

介绍了该系列教材的编写目的、编写过程和正文中各部分的功能设置意图。

4. 教材介绍

通过图文结合的方式，展示了教材内各主题、章节的组成部分及其主要功能，包括"探索""研究与自学""盘点""历史词汇""知识综述""艺术史""学习方法"，以凸显教材的特色和创新之处。

5. 第三学段介绍

首先总结了第二学段所学，之后分年级、分能力详细介绍了本册教材及第三学段历史学科的具体内容。

6. 目录

主要介绍了各主题、各章节的提要及页码，并对附录的目录作了介绍。

7. 学习方法介绍

这个板块展示了学习该册教材过程中会用到的三种学习方法："阅读并理解时间轴""通过读懂文献来了解历史"和"欣赏艺术作品"。其中主要由两部分组成，第一部分展示了2—3组相关例题，第二部分对学习方法进行详细解读，提炼要点。

（二）正文

不同于我国教科书以课为单位，法国小学历史教科书正文以主题为单位展开，每一主题分为2—6个章节，章节后设置三个部分的补充内容。为了细化能力培养步骤，每一章节又分为五个部分。

1. 章节内部构成

（1）章节导言

由"导语""文献"和"时间轴"三部分组成，占一个页面，以图文结合的方式呈现（见图5-1）。其中，"导语"部分有5—7行文字，主要介绍历史背景和章节的大致内容。在"导语"的下方，即页面的中间部分，配有1个大幅的图像类文献，具有极强的视觉冲击效果，能够牢牢地吸引学生的注意力。"时间轴"被安排在页面底部，从较广的视角来看整个章节所处的历史阶段，旨在培养学生的历史时空观念。

（2）探索

由"引导性问题""文献"及"问题"三部分组成，占一个页面，旨在为学生树立初步的历史观念，并激起学生好奇心（见图5-2）。以小学四年级历史教材第一章"漫长的史前史"为例，页面顶部的"引导性问题"为：第一批人类在我们身边留下的痕迹有什么？在页面中下部占据了较大篇幅的是公元前2500年克鲁库诺（Crucuno）的墓石

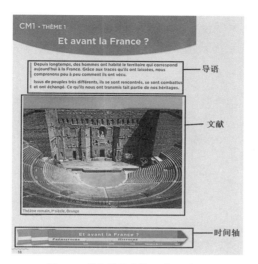

图5-1 "章节导言"结构示意图

注：该示意图根据教材图片编辑而成（下同）。

教材图片来源：https://www.lib-manuels.fr/textbook/599e8d1807571676d69b176b?demo=true&page=145.

图5-2 "探索"结构示意图

图片来源：https://www.lib-manuels.fr/textbook/599e8d1807571676d69b176b?demo=true&page=145.

牌坊（dolmen）照片与介绍性文字，随后给出了3个问题：看到这一遗迹，你会提出什么问题？这一遗迹出现在何时？它的功能是什么？

（3）研究与自学

由"文献""问题"和"历史词汇"三部分组成，占两个页面，多以图文结合的方式呈现（见图5-3）。其中，"文献"部分形式多样，包括小说、法令条约、发言稿、图像、地图、时间轴等，占据页面的绝大部分；"历史词汇"穿插其中；"问题"位于页面底端，问题均围绕文献资料提出。以小学四年级历史教材第一章"漫长的史前史"为例，"文献"部分展示了一条时间轴，上下两侧标注着人类在不同时期的9个遗迹。"问题"部分给出了4个问题：观察文献资料并阅读说明文字，找出距今最远与最近的遗迹；请辨认出其中哪些是工具，它们的功能是什么；我们可以从物品C、D、F上了解到哪些关于史前人类的信息；根据以上文献资料，试分析原始人类的生活情况。

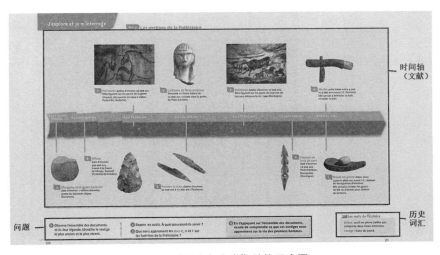

图5-3 "研究与自学"结构示意图

图片来源：https://www.lib-manuels.fr/textbook/599e8d1807571676d69b176b?demo=true&page=145.

（4）盘点

由"知识点总结""文献""历史词汇"和"知识拓展"四部分组成，占一个页面，多以图文结合的方式呈现（见图5-4）。"知识点总结"部分位于页面左侧，对前文中的重要知识点进行归纳总结。"文献"部分位于页面右侧顶端，多以1—2张图片配合说明性文字的形式呈现。"知识拓展"位于页面右侧底端，介绍除已学知识点之外的拓展性历史知识。

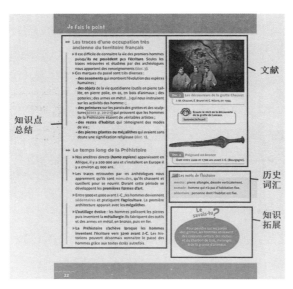

图5-4 "盘点"结构示意图

图片来源：https://www.lib-manuels.fr/textbook/599e8d1807571676d69b176b?demo=true&page=145.

（5）历史词汇

这部分穿插于前述页面中，对所涉特定词汇（例如专有名词）加以解释，于教材末尾按首字母顺序汇总，旨在提升学生的法语能力。以小学四年级历史教材第一章"漫长的史前史"中"研究与自学"部分的"历史词汇"为例，解释了"两面器（biface）：具有两个分开的面的石器"和"遗迹（vestige）：历史的痕迹"这两个法语词汇。

2. 补充部分

（1）知识综述

由"知识点总结"和"时间轴"两部分组成，占两个页面（见图5-5）。"知识点总结"占据了两个页面的绝大部分，用简洁的语言对主题内各章节知识点进行梳理。"时间轴"位于两个页面的底端，标注了主题内各历史事件的时间，划分了历史阶段，旨在帮助学生树立整体概念。

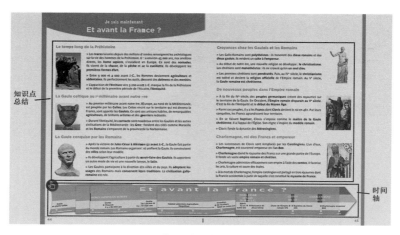

图5-5 "知识综述"结构示意图

图片来源：https://www.lib-manuels.fr/textbook/599e8d1807571676d69b176b?demo=true&page=145.

（2）艺术史

由"文献"和"问题"两部分组成，占一个页面（见图5-6）。页面上部为"文献"，以图文结合的方式呈现，介绍了该主题所处时代的或与之相关的艺术品，例如在法国大革命时期，会介绍拿破仑画像，在共和国时代，会介绍共和国雕像。页面中下部分为"问题"，围绕"文献"提出。这一模块旨在培养学生的感性思维与审慎思维。

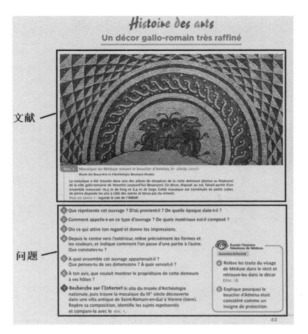

图 5-6 "艺术史"结构示意图

图片来源：https://www.lib-manuels.fr/textbook/599e8d1807571676d69b176b?demo=true&
page=145.

（3）学习方法

由"文献""方法操作步骤与问题"和"历史词汇"三部分组成，
占两个页面（见图5-7）。左侧页面的"文献"部分由图片和说明性
文字组成，"历史词汇"穿插其中。右侧页面为"方法操作步骤与问
题"，沿袭前言中的"学习方法介绍"，进一步细化阐述方法的使用
步骤，以7—12个问题为引导。以小学四年级历史教材主题一的"学
习方法"为例，标题为"理解文献"，页面左侧是法国"加尔桥"（le
pont du Gard）的图片，配以说明性文字。围绕文献资料，页面右侧
给出了9个问题，分布在"观察与分析""说出你理解和学到的知识"
和"自我提问"三个步骤之中。

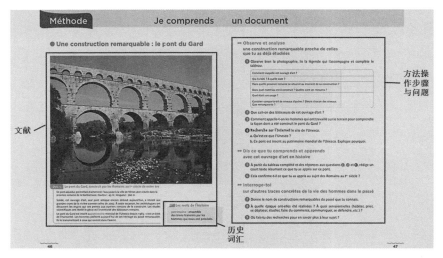

图5-7 "学习方法"结构示意图

图片来源：https://www.lib-manuels.fr/textbook/599e8d1807571676d69b176b?demo=true&page=145.

（三）附录

1. 重点人物简介

对重点人物按照主题的先后顺序进行介绍，包括肖像、姓名、生卒年和生平简介。

2. 图集

这部分按照主题的先后顺序，展示12幅与教材内容相关的地图和1幅思维导图。

3. 历史名词索引

根据词语首字母从A到Z的排序，对教材中出现的历史专有名词进行简单介绍。

4. 图片来源标注

按照章节和页面顺序对教材中的照片页码和提供者进行标注。

5. 重要历史地点地图

在地图上对法国重要历史事件的发生地进行标注，并注明发生的时期。

6. 时间轴

按从古至今的时间顺序，依照教材中的主题，对法国历史加以划分标注。

二、初中历史教材呈现形式

在本研究选取的案例中，初中历史教材主要由前言、正文、多学科教学、附录四部分组成。

（一）前言

主要由"作者介绍""教材介绍""教学大纲""目录"和"知识、能力与文化的共同基础"五部分组成。

1. 作者介绍

详细介绍了法国勒利弗尔斯科莱赫出版社初中历史教材的编者委员会，主要包括科学委员会与作者两个部分。科学委员会共有7人，包含3位学区督学、3位大学教授和1位高中教师。作者方面人数众多，多达184人，包含21位历史作者、16位协调作者、13位跨学科实践教学作者、7位数字作者、4位艺术史作者、100位其他学科合著者、20位跨学科实践教学合著者和3位资料员教师合著者。作者绝大部分来自法国各学区的初中、高中和大学，教材按照学区顺序对所有的作者一一作了介绍，以示尊敬。

2. 教材介绍

对教材章节的各个组成部分，包括"章节导言""时空定位""调

查""史料探索""艺术史""课程总结""阅读""练习"和"为毕业
做准备",采用图文结合的方式作简短介绍,以凸显教材的特色和创
新之处。本教材围绕法国第三、第四学段的"大纲规划主题"以及
"共同基础"加以构建,主要有以下几个特点:

(1)"能力测评"通过4个详细的技能评估分级,逐步介绍每种技
能,最终实现技能掌握与进步。

(2)学生通过自我评估,明确自己的知识水平,有针对性地投入
到章节学习中。

(3)"调查"部分作为一种实施课程的新方法,可以有效训练团
队合作和口头表达技能,推进教学进程并激发学生的兴趣。

(4)课程内容详尽,促进自主学习,有单独的页面概述重要日
期、关键人物和相关定义等内容。

(5)"史料探索"部分帮助学生逐步开展文档分析,且每个文献
资料后都有对应问题,协助提升阅读技能。

3. 教学大纲

国民教育部颁布的教学大纲明确规定了各年级的主题、下设的
具体章节、章节的目标、所需呈现的文献资料以及教学时长。教材
中的"教学大纲"部分完整再现了教学大纲中的上述部分,方便教
师和学生参考。"教学大纲"部分将整个年级的教学大纲设置在第三
部分,有助于体现专业性,吸引学校与教师选用此教材,还有助于
明确学习目标和方向,帮助学生与家长在学习过程中及时抓住重点、
要点。

4. 目录

主要介绍了各主题、各章节、章节内各组成部分的提要及页码,
并对附录的目录作了介绍。

5. 知识、能力与文化的共同基础

这部分主要介绍了通过本教材的学习，学生将具备哪些"共同基础"能力，例如"定位时间：建立历史坐标"（对应第1章与第9章）。具体评估方式详见下文"练习"部分中的"能力测评"。

（二）正文

正文以章节为单位展开，为了帮助学生更好地掌握知识点，每一章节分为以下8—9个部分。

1. 章节导言

由"导语""文献""时间轴""问题""所学技能预告"和"技能框架"六部分组成，占两个页面，以图文结合的方式呈现（见图5-8）。其中"导语"部分有6—7行文字，主要介绍历史背景。在"导语"的下方，即左侧页面的中下部分，配有1个大幅的图像类文献，

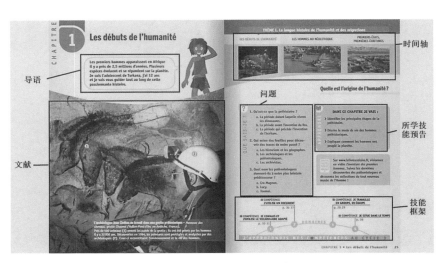

图5-8 "章节导言"结构示意图

注：该示意图根据教材图片编辑而成（下同）。

教材图片来源：https://en.calameo.com/read/000596729dc5e7968d39c.

具有极强的视觉冲击效果，能够牢牢地吸引学生的注意力。"时间轴"
被安排在右侧页面的上方，为本章节大事件时间轴。"问题"在右侧
页面中部，以选择题的形式呈现，可以激发学生的好奇心和求知欲。
"所学技能预告"和"技能框架"展示本章节的技能培养情况，为学
生明确学习目标。

2. 时空定位

由"导语""时间轴""地图""词汇解释"和"基础知识与问题"
五部分组成，占两个页面（见图5-9）。"导语"部分对本章将要学习
的新内容进行简单介绍引入。"时间轴"部分位于左侧页面中下部分，
详细标注该章节中重大历史事件的发生时间。"地图"部分跨左右两
个页面，占到两个页面的三分之二，地图的内容视章节的具体情况而
定，例如在初中一年级历史教材第一章"人类的诞生"中，"时空定
位"部分的地图描述了不同人种的发源地和发源时间。在初中二年级

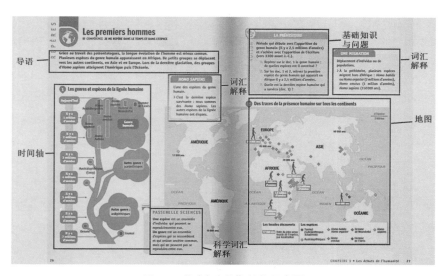

图5-9 "时空定位"结构示意图

图片来源：https://en.calameo.com/read/000596729dc5e7968d39c.

历史教材第一章"拜占庭与欧洲加洛林王朝"中,"时空定位"部分的地图描述了公元9世纪加洛林帝国、拜占庭帝国及其他周边政权的领土情况、首都位置和人口迁移情况。在地图周围,一般会选择3—4张小幅的图像史料作为内容补充。"词汇解释"部分是与该章节内容相关的历史或科学词汇解释,以文本框形式呈现。"基础知识与问题"部分在简述知识点后,根据所给"时间轴"和"地图"提出相关问题,引导学生自主探究。

3. 调查

由"任务介绍""任务步骤与问题""文献"和"任务所学能力总结"四部分组成,占两个页面(见图5-10)。以初中一年级历史教材第一章"人类的诞生"调查部分为例,位于左侧页面顶部的"任务介绍"中,将主角设定为非洲图尔卡纳人(Turkana)的一名青少年,他的遗骨于1984年被发现,要求学生以小组为单位开展探索,并最终

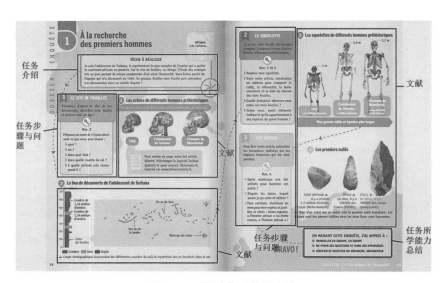

图5-10 "调查"结构示意图

图片来源:https://en.calameo.com/read/000596729dc5e7968d39c.

以文章的形式展示所发现的内容。在占据两个页面绝大部分的"任务步骤与问题"部分，主要包含3个探索性任务，依次递进，引导学生通过阅读文段或图片（即"文献"部分）进行思考，并完成特定任务。

文献资料1：3张不同史前人种的颅骨照片。

文献资料2：图尔卡纳青少年遗骨的发现地横切图。

文献资料3：3张不同史前人种的骨架照片。

文献资料4：3张原始工具的照片。

任务1：请介绍"我"的发现地，识别出"我"的遗骨并给出"我"的年龄。

问题1（根据文献资料2）：请准备一段文字，具体说明你发现了什么，在哪儿发现的，他属于哪个国家，属于哪个地层，对应哪一时期。

任务2："我"的遗骨近乎完整，请将"我"与其他史前人种的遗骨相比较。

问题2（根据文献资料1和3）：请辨认出"我"的遗骨；请在你的文章中绘制一个表格，比较3个骨架的身高、体型、颅骨和生存年代；你在3个骨架中观察到了怎样的进化；在你看来，哪个特征表明这3个骨架属于人类这一物种。

任务3：为了完成你的文章，请介绍不同人种发明的原始工具。

问题3（根据文献资料4）：这些工具是由什么物质制成的？根据工具所处年代，请问哪一个是"我"创造和使用的？作为结论，请在以下名称中选出"我"的种族名称并加以解释：匠人（Homo ergaster）或直立人（Homo erectus）。

位于右侧页面底部的"任务所学能力总结"归纳了这部分内容要锻炼的能力：小组合作、团队合作；自我提问并作出假设；检验并解释"我"的方法，并加以讨论。该模块旨在提升学生的学习能力，强调发挥学生的学习自主性。

4. 史料探索

由"导语""时间轴""文献""词汇解释"和"问题"五部分组成，占2—4个页面（见图5-11）。该部分主要包含历史文献和图像，试图以还原的视角为学生展示历史的真实样貌。左上角是一段文字导入，对所涉及的主题进行简要介绍。文字右侧附有简单的历史时间轴。页面主体内容一般由5—6个不同类型的文献组成，包括小说、历史文稿、法令条约、发言稿、图像、地图等，文献之间穿插"词汇解释"。在右侧页面的右下角设置了与文献相关的具体问题，问题形式多种多样，包括书写问答、口头问答、综合概括等。

以初中一年级历史教材第一章"人类的诞生"史料探索部分"人类何时出现在地球上"为例，该部分由5篇/幅文献组成，分别是法

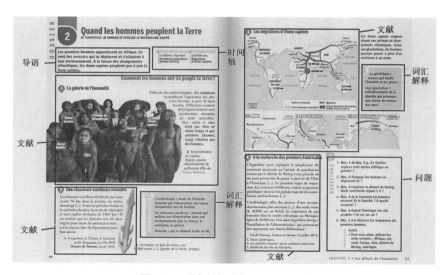

图5-11 "史料探索"结构示意图

图片来源：https://en.calameo.com/read/000596729dc5e7968d39c.

兰西岛省立史前博物馆的各人种复原图、驯鹿骨制鱼叉、"人类最美丽历史"（La plus belle histoire de l'homme）节选、不同人种的迁移地图、"科学与未来"（Sciences et Avenir）节选。在右侧页面的右下角，教材以文本框的形式提出了如下问题：

（1）哪一个人种最先离开非洲？

（2）人类为什么要迁移？

（3）请定位白令海峡，它分隔开了哪两块大陆？

（4）人类是如何跨过白令海峡的？借助哪个时机？

（5）美洲从何时开始有居民？可信吗？

（6）请描述最早一批人类的迁移。

5. 艺术史

由"导语""时间轴""文献""词汇解释""知识点总结"和"问题"六部分组成，占两个页面（见图5-12）。该部分主要包含历史文献和图像，同样试图以更加还原的视角为学生展示历史的真实面貌。左上角通过一段文字进行导入，对所涉及的主题进行简要介绍。文字右侧附有简单的历史时间轴。页面主体内容一般由5—6个不同类型的文献组成，包括小说、历史文稿、图像等，主要是该章所处时代的或与之相关的艺术品及艺术发展情况（例如史前部分展示原始人壁画和墓葬情况，希腊城邦部分展示绘有神话人物的器皿），文献之间穿插"词汇解释"。在右侧页面的左下角设置有知识点总结，右下角设置与文献相关的具体问题，问题形式多种多样，包括书写问答、口头问答、综合概括等。该部分旨在促进"美感教育（美育）"。

6. 课程总结

由"知识点总结""时间轴""重要人物回顾""词汇解释""补充内容提纲"和"问题"六部分组成，占两个页面（见图5-13）。左侧页

图5-12 "艺术史"结构示意图

图片来源：https://en.calameo.com/read/000596729dc5e7968d39c.

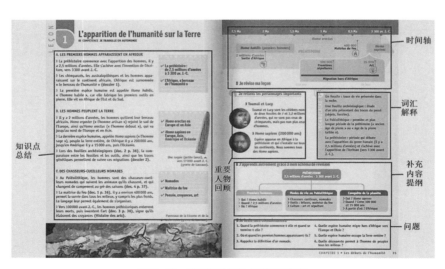

图5-13 "课程总结"结构示意图

图片来源：https://en.calameo.com/read/000596729dc5e7968d39c.

面为前文涉及的知识点总结。右侧页面上部为历史时间轴，中部左侧回顾了前文出现的重要人物，右侧继续对生词加以解释。在右侧页面的中下部设置了补充内容的提纲，其下面的知识测试题以问答题为主。

7. 阅读

阅读部分是对前文的补充，以文献为主要呈现形式，包括文段、照片、模拟图、地图等，强调阅读能力的培养（见图5-14）。例如初中一年级历史教材第五章"罗马——从神话到历史"，前文以神话为引，介绍了罗马的发展史和征战史，阅读部分则聚焦个人，介绍了"罗马公民"，作为前文的有力补充。

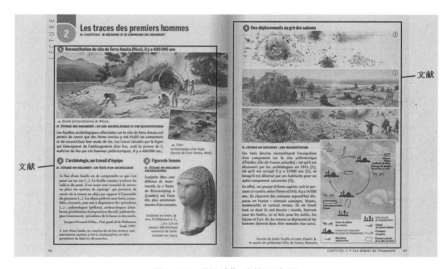

图5-14 "阅读"结构示意图

图片来源：https://en.calameo.com/read/000596729dc5e7968d39c.

8. 练习

包含两套题目和能力测评（见图5-15）。题目以问答题为主，也包含连线题、交叉填字题等题型。能力测评以文本阅读和问答题为主要形式。

以初中二年级历史教材第四章"中世纪的城市"为例，第一套题目为"描述市集的场景"［提供的材料为一幅描绘"中世纪巴黎与圣德尼（Saint-Denis）之间大集市"的画作]：

（1）根据所给材料和你的见解，请解释什么是大集市。

（2）根据所给材料，请问住在帐篷中的人是谁？

（3）根据所给材料，请问哪些是交易的货物？

（4）根据所给材料和教材第84页材料（13—15世纪欧洲城市、商业中心和文化中心示意图），请问在这个大集市中，还会交易哪些货物？

第二套题目为"描述中世纪的城市"（提供的材料为中世纪佛罗伦萨城的地图）：

（1）根据所给材料和教材第84页材料，请确定佛罗伦萨的位置。

（2）根据所给材料，请问地图中的哪个要素反映出该城的罗马历史？

（3）根据所给材料，请指出三个与政权和防御相关的建筑物。

（4）根据所给材料，请指出两个显示教会存在的建筑物。

（5）根据所给材料，请问佛罗伦萨的人口是如何发展的？请在地图上指出这一发展是如何显示的。

能力测评部分提供了一篇1255年迪南市（Dinant）（现位于比利时）的铜匠规定，要求根据此文段，分析中世纪迪南市的铜匠行会是如何运行的，并根据下文的能力测评开展自主评估，主要分为4个等级：

（1）我能提取出回答问题所需的重要信息：在文段开始部分，请找到成为铜匠所需的条件之一。

（2）我能提取出相关信息并知道如何概括主要观点：请指出文段中铜匠的三个职责。

（3）我能提取并更清楚地表达回答问题所需的信息：请阐述何为"税"和"行会"。

（4）我能更清楚地表达并整理文段的主要观点：请依照铜匠的权利和义务将铜匠规定分为两类。

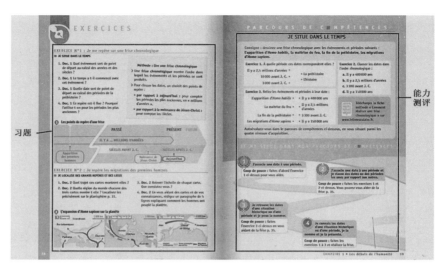

图5-15 "练习"结构示意图

图片来源：https://en.calameo.com/read/000596729dc5e7968d39c.

9. 为毕业做准备

初中一年级和二年级不包含此部分，这部分自初中三年级开始设置。"为毕业做准备"部分以两套题目（结合文本和图片回答问题）和相关学习方法介绍为主要内容，旨在提升学生的应试水平。例如初中三年级历史教材第三章"法国大革命与法兰西帝国"中的"为毕业做准备"第二部分，页面中上部以"分析并理解文献资料"为主题，提供了4幅史料图片：法国法郎正反面照片、1804年《民法典》（Le Code civil）封面照片、1801年法兰西第一帝国省长画像和拿破仑时期的高中生画像（见图5-16）。围绕资料共提出6个问题：

（1）请使用下文讲解的方法，描述所给的四份文献资料，并找出它们的共通之处。

（2）请描述硬币的两面。

（3）请叙述《民法典》的起源。

（4）省长的角色是什么？

（5）创建高中的目的是什么？

（6）以上这些创造物（硬币、《民法典》、省长和高中）中，哪一个保留到现今？

页面底部具体讲解了如何描述一个文献资料。

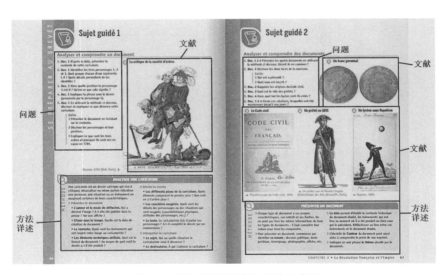

图5-16 "为毕业做准备"结构示意图

图片来源：https://en.calameo.com/read/000596729a16ac469613f.

（三）多学科教学

教材的最后一部分为跨学科实践教学（Enseignements pratiques interdisciplinaires, EPI），一般提供8个教学主题。这一部分的设置（自初二开始）回应了《法国第四学段历史教学大纲（2015版）》中的要求，"大纲中涉及的主题、工具和方法提供了与其他学科合作的众多机会，特别是生命与地球科学、数学、法语甚至现代语言"，促进了学科融合，起到了"1+1>2"的作用。

以初中二年级历史—地理和公民与道德教育教材跨学科实践教学部分"第8课 科学、技术与社会——16和17世纪的科学家"为例。该课旨在通过介绍16—17世纪伟大的科学家哥白尼（Nicolaus Copernicus）、伽利略（Galileo Galilei）等，使学生了解科学方法以及科学与社会之间的关系，主要涉及历史—地理、物理—化学和法语等三个学科。

在课程具体内容方面，首先明确本课要培养的能力：熟悉科学技术的发展及其历史；知道如何审慎地使用研究工具，尤其是在互联网上；知道如何处理收集到的信息，对其进行整理和编辑。在实践部分，将背景设定为时间机器发挥了作用，将过去的伟大科学家带回我们的时代。要求学生回溯16或17世纪著名科学家的人生经历，根据其所处的历史背景以及与其他历史参与者的关系，重构人物的生平事迹，并通过文字撰写和插图来丰富此调查。最后，由学生来扮演这一历史人物，充分表达自己的观点，使用油管（YouTube）和脸书（Facebook）等社交平台使人物重生。

课文中以哥白尼为例，展示了为其建立的脸书主页。个人资料显示，他出生于波兰王国的托伦（Torun），曾于克拉科夫大学学习数学、天文学、法律和医学，职位是波兰弗龙堡大教堂（Cathédrale de Frombork）的议事司铎。好友列表中包含了荷兰哲学家伊拉斯谟（Desiderius Erasmus）和教皇保罗三世（Paul Ⅲ）。在哥白尼的动态中写道："我们最终将承认太阳本身占据了世界的中心，世间万物都遵循着一定之规不断运行#哥白尼革命。"又以意大利物理学家、数学家、天文学家及哲学家伽利略的名义在此条动态下评论道："我喜欢这个

第五章
案例分析

观点。"

在本课最后还介绍了与各学科的具体联系，在历史—地理方面，学习了16—17世纪欧洲的转型和向世界的开放：人文主义、改革和宗教冲突，学习了如何将一个历史人物及其作品放置在其所处的时间和历史背景中；在物理—化学方面，学习了运动和相互作用，速度、距离和持续时间之间的关系以及科学方法；在法语方面，学习了如何建立人物形象并通过各种形式表达他们的观点，以及如何使用科学词典。

（四）附录

1. 世俗宪章

《世俗宪章》（Charte de la laïcit）于2013年9月由法国政府公布，用15个条款阐明了学校世俗化原则的含义和要点。法国的历史教材将其纳入附录，作为相关教学内容的补充。

2. 历史名词索引

根据词语首字母从A到Z排序，对教材中出现的历史专有名词进行了简单介绍。

3. 习题答案

习题答案部分是"章节导言"中选择题的答案。

4. 图片来源标注

按照章节和页面顺序对照片页码和提供者进行了标注。

三、高中历史教材呈现形式

在本研究选取的案例中，高中历史教材主要由前言、正文、会考手册、附录四部分组成。

（一）前言

主要由"作者介绍""教材介绍""教学大纲""目录"和"高中会考方法"五部分组成。

1. 作者介绍

详细介绍了高中教材的科学委员会和编写团队。其中科学委员会由学区督学、教授和大学教师组成，共11人。编写团队方面，勒利弗尔斯科莱赫出版社秉持"人多力量大"的企业文化，其编写团队人数众多且全部是一线教师，既包括负责撰写章节的主要作者、提供顾问服务的"高级合著者"，又包括负责实地测试后进行意见反馈的合著者三类。高中历史教材的三类作者多达170余人，教材按照学区顺序对所有的作者一一作了介绍，以示尊敬。

2. 教材介绍

对教材章节的各个组成部分，包括"章节导言""时空定位""文献资料""课文正文""拓展专栏""会考复习""会考方法""活动学习"和"历史学工作坊"等，采用图文结合的方式作了简短的介绍，以凸显教材的特色和创新之处。

3. 教学大纲

国民教育部颁布的教学大纲明确规定了各年级的主题、下设的具体章节、章节的目标、需呈现的文献资料以及教学时长。教材中的"教学大纲"部分完整再现了教学大纲中的上述部分，方便教师和学生参考。

4. 目录

主要介绍了各主题、各章节、章节内各组成部分的提要及页码，并对附录的目录作了介绍。

5. 高中会考方法[1]

这一板块由三部分组成。第一部分对历史会考的题型和要求进行了简要介绍。第二部分为会考答题建议，目前法国历史会考题目一般以问答陈述或者文献分析的方式呈现。考虑到对更细致的问题陈述回答方法和文献分析步骤，各章节的"会考方法"栏目对其作了进一步的介绍，并且在高二年级课本的"会考手册"部分还有会考样题和参考答案。第二部分就这两种类型的题目在草稿准备阶段、正式落笔阶段应遵循的各个步骤、用时以及书写规范给出了大致的建议。第三部分对各章节会考方法提要、会考样题提要及其页码做了总结，方便师生快速查询。

（二）正文

教学大纲中明确规定了各年级的学习主题及其下设的具体章节，其中高一、高二各由4个主题组成，每个主题包括2—3个章节。章节内部的具体结构则由出版社自行决定。具体到该教材，各章节由"章节导言""时空定位"、2—3篇"课文正文"、2—4篇大纲规定的"史料探索"、1—2篇自行增设的"史料探索""活动学习""历史学工作坊""会考复习"和"会考方法"组成。其中课文正文、大纲规定的史料探索与自行增设的史料探索穿插展开（见图5-17、表5-4）。

---

[1] 在法国新高中毕业会考的体制下，会考总成绩由平时成绩和会考成绩两部分分别按40%、60%的比例构成。其中，历史—地理科目作为公共基础课程只计算平时成绩，最后的会考中并不设置此科目。更准确地来说，这里所指的平时成绩是"平时测验的成绩"，学校会在高二、高三学年从教育部门建立的题库中抽取题目组织学生测试，同时试卷进行匿名判定且授课教师回避，以此来保证不同学校考试和评分的公平性。因此，历史—地理学科语境下的高中会考指的是，用于判定会考中平时成绩的测验。因为其成绩最终要按照40%的比例计入会考总成绩，故教材将其直接称作"高中会考方法"。

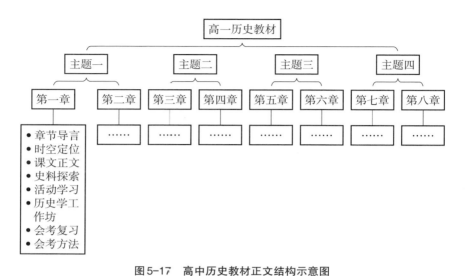

图5-17　高中历史教材正文结构示意图

表5-4　章节栏目示意

第一章　法国大革命与帝国——国家的新概念		
栏　　目	标　　题	页码
时空定位	从法国大革命到法兰西帝国	26
第一课	大革命开端的国家与政治（1789—1791）	28
史料探索1（大纲规定）	罗兰夫人：一名革命女性	30
史料探索1（自行增设）	1789年8月26日：人权宣言	32
第二课	革命的十年（1789—1799）	34
史料探索2（大纲规定）	路易十六的判决（1792年12月—1793年1月）	36
第三课	从执政府到帝国：社会秩序与政治秩序（1799—1815）	38
史料探索3（大纲规定）	1804年：《民法典》	40
第四课	法兰西帝国与欧洲：作为征服者的国家（1799—1815）	42

（续表）

栏　　目	标　　题	页码
史料探索2（自行增设）	开战（1792—1815）	44
史料探索3（自行增设）	植物园的动物展览：政治动物园	46
历史学工作坊	虚构历史：如果法国大革命不发生？	48
会考复习	章节小结	50
会考方法1	对陈述的分析	52
会考方法2	对漫画的分析	54

1. 章节导言

由"导语""文献"和"时间轴"三部分组成，占两个页面，以图文结合的方式呈现（见图5-18）。其中"导语"部分有5—7行文字和一个问题，主要介绍历史背景和章节的大致内容，同时通过问题激发学生的好奇心和求知欲。在"导语"的下方，即左侧页面的中间部分，以及右侧页面的中间部分，配有2个大幅的图像类文献，具有极强的视觉冲击效果，能够牢牢地吸引学生的注意力。"时间轴"被安排在右侧页面的上方和底部，其中上方的时间轴为章节大事件时间轴，底部的时间轴则从更宽广的视角来看整个章节所处的历史阶段，旨在培养学生的历史时空观。

2. 时空定位

由"回顾与展望""地图"和"文献"三部分组成，占两个页面（见图5-19）。"回顾与展望"分为两部分，以文字框的形式呈现。一方面回顾之前年级学习过的相关历史知识，另一方面对本章将要学习的内容进行简要展望。"地图"部分跨左右两个页面，占两个页面的三分之二。地图的内容视章节的具体情况而定。例如在高一年级历史

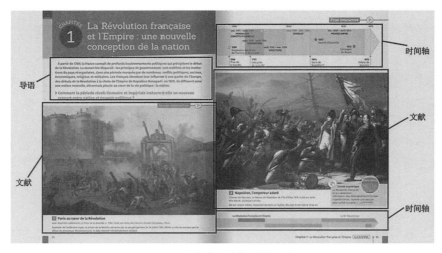

图5-18 "章节导言"结构示意图

注：该示意图根据教材图片编辑而成（下同）。

教材图片来源：https://fr.calameo.com/read/000596729751ba6b7cd07.

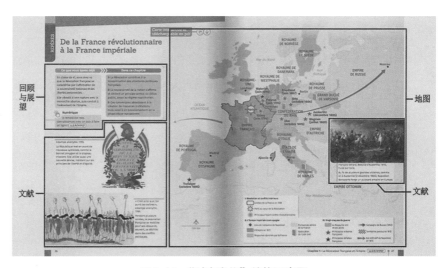

图5-19 "时空定位"结构示意图

图片来源：https://fr.calameo.com/read/000596729751ba6b7cd07.

教材第五章"法兰西王国时期国家的确立"中，"时空定位"部分的地图描述了国王亨利二世、亨利四世、路易十四、路易十五时期领土

吞并的情况，为加强王权而设立的机关的具体地理位置，以及反王权
斗争的情况。在高二年级历史教材第八章"法国本土与殖民地"中，
"时空定位"部分的地图描述了世界范围内法国殖民地的分布情况、
宗主国与殖民地之间的战争情况。在地图的周围，一般会选择3—4张
小幅的图像史料作为内容的补充。

3. 课文正文

课文正文占两个页面，其中左侧页面为课文的文字部分，右侧页
面为史料部分。具体来看，左侧页面最上方为题目，题目下方会通过
一个问题进行引入，随后根据具体情况分部分展开讲解，一般一节课
由3—4个部分组成。对于内容中提到的一些专有名词和历史人物，如
胡格诺派（Huguenots）、宗教自由（Liberté de culte）、拿破仑·波拿
巴，教材会突出色彩标注，并以文本框的形式在课文右侧对其进行解
释说明。在整个左侧页面的底部，编者会用两三句话为下一节课做好
铺垫。

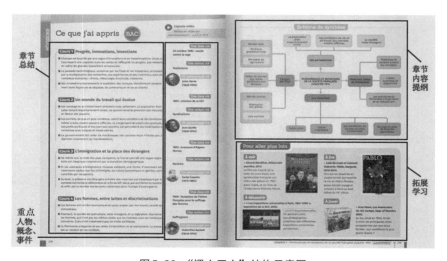

图5-20 "课文正文"结构示意图

图片来源：https://fr.calameo.com/read/000596729751ba6b7cd07.

右侧页面主要展示课文中提到的相关史料。除此之外，在页面的右下角，教材还设置了"拓展学习"部分，包括"历史与小说""视线转移""数字拓展"和"历史回音"四个栏目。其中"历史与小说"主要通过一些小说作品来看历史事件，"视线转移"向学生介绍同一历史时期世界其他国家的发展情况，"数字拓展"主要提供一些可以在线浏览的资料，"历史回音"重点关注历史与今日之间的联系。一般每节课的"拓展学习"只设置四种栏目形式中的一种。

4. 史料探索（大纲规定）

国民教育部颁发的教学大纲中明确规定了各章节必须包含的文献资料集，其主题主要包括重大历史事件、关键历史人物、重点地理区域等。如果说课文部分一般是从宏观的角度讲述一段历史，不会具体到某场战役、某个历史事件的情况，那么这一部分旨在进一步拉近学生与历史情景之间的距离，通过文献让学生了解历史细节，与课文部分形成互补。

具体来看，这一部分内容占两个页面（见图5-21）。左上角通过一段文字和一个问题进行导入，对所涉及的主题进行简要介绍。文字右侧附有简单的历史时间轴。页面主体内容一般由5—6个不同类型的文献组成，包括小说、法令条约、发言稿、图像、地图等。在右侧页面的右下角还设置有与文献相关的具体问题，问题形式多种多样，包括书写问答、口头问答、综合概括等。

以高一年级历史教材第五章大纲规定的"史料探索1《南特敕令》的颁布与废除"（*L'édit de Nantes et sa révocation*）为例，该部分由6篇/幅文献组成，分别是《南特敕令》（L'édit de Nantes）节选、油画《亨利四世依靠宗教为法国带来和平》、17世纪的钱币图、内容为"龙骑士对新教徒的背叛"的无作品名版画、《枫丹白露敕令》

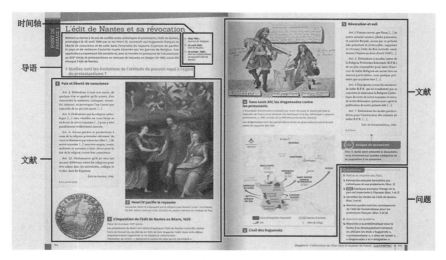

图5-21 "史料探索"（大纲规定）结构示意图

图片来源：https://fr.calameo.com/read/000596729751ba6b7cd07.

（L'édit de Fontainebleau）节选和胡格诺派流放地图。在右侧页面的右下角，教材以文本框的形式提出了如下问题：

（1）通过《南特敕令》节选，列举其中对天主教徒和新教徒各自有利的条件。

（2）通过《南特敕令》节选和油画《亨利四世依靠宗教为法国带来和平》，口头说明为什么和平对于当时的历史局势如此重要。

（3）通过17世纪的钱币图和内容为"龙骑士对新教徒的背叛"的版画，指出《南特敕令》的局限性。

（4）通过《枫丹白露敕令》节选和胡格诺派流放地图，指出《枫丹白露敕令》给法国新教徒带来的影响。

（5）运用"胡格诺""新教主义""安全城市""龙骑士""流亡"五个词语回答引入部分的问题：王权对新教徒的态度经历了怎样的变化历程？

5. 史料探索（自行增设）

这一部分主要是编著根据具体的章节内容，自行增加的一些以主题为单位的文献资料集。其具体的组织形式与大纲规定的"史料探索"部分完全相同，也由导语、时间轴、文献、问题四部分组成。

6. 活动学习

这部分体现了教学法的创新，主要以辩论、角色扮演、综合任务、调查等形式展开，教材约有一半的章节设置了此栏目。"活动学习"占两个页面，由"活动介绍""活动步骤"和"总结分析"三个环节组成（见图5-22）。其中"活动介绍"主要交代了活动的性质、建议时长、历史背景和所培养的能力。"活动步骤"是"活动学习"的主体，详细介绍了活动的各个环节。最后的"总结分析"部分旨在以问题的方式引导学生对活动进行总结。

以高二年级历史教材第三章中的活动学习"谁是法兰西第二共和

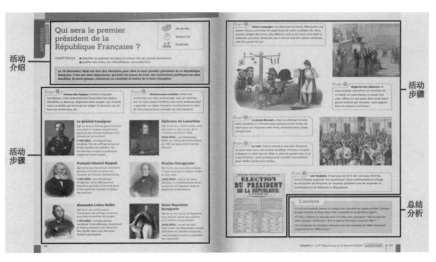

图5-22 "活动学习"结构示意图

图片来源：https://fr.calameo.com/read/000596729751ba6b7cd07.

国的总统"为例，该部分建议以角色扮演的方式，通过小组合作，模拟1848年共和国总统的选举。该活动旨在培养学生为自己的选择辩护、解释说明的能力。教材将整个活动分为以下七个步骤：

（1）组建小组：将整个班级分为6个小组，各个小组进行组内角色分配，包括候选人扮演者、撰稿人、研究者等。

（2）选择候选人：教材给出了6位候选人的姓名、头像、简介以及主要政治主张，包括卡芬雅克将军（Le général Cavaignac）、阿尔封斯·德·拉马丁（Alphonse de Lamartine）、弗朗索瓦·文森特·拉斯派尔（Francois-Vincent Raspail）、尼古拉斯·昌阿尼尔（Nicolas Changarnier）、亚历山大·莱德鲁-罗林（Alexandre Ledru-Rollin）和路易-拿破仑·波拿巴（Louis-Napoléon Bonaparte）。各小组在这6位候选人中选择一位，上网或者通过书籍搜索相关资料，并在小组内部进行资料共享。

（3）进行选举运动：在班内进行选举演讲，可以制作一些有利于竞选的材料，如传单、布告。不要犹豫是否要说其他候选人的坏话，这是活动的一部分。

（4）为建立联盟进行协商：尝试通过向其他候选者提供未来政府的职位，来说服其退出选举。

（5）组织竞选演讲：各组候选人扮演者进行3分钟的竞选演讲。

（6）投票：所有人均需参与投票，不得投本组候选人，不得弃权，不得投空白票。教师负责检查选票的有效性。

（7）宣布结果：超过半数得票的候选人成功当选，如果没有超过半数，需要进行第二轮竞选，教师负责宣布结果。当选的"总统"要进行宣誓，保证尊重宪法，为共和国效力。

在活动结束后，最后的"总结分析"部分就该活动提出了以下几个问题：

（1）各小组总结工作方式和心得收获。

（2）谁获得了最多的选票？你认为原因何在？他的政治主张是最好的吗？他的演讲是否起到了作用？

（3）将结果与1848年的选举结果进行对比，如果不同于1848年的结果，如何理解这种差异？

7. 历史学工作坊

主要介绍历史学研究的最新进展、历史学家的科研方法和工具等，绝大部分章节都设有此栏目。"历史学工作坊"占两个页面，由"导语""文献""历史学家观点""方法和问题"四部分组成（见图5-23）。其中"导语"和"文献"在左半侧页面，"历史学家观点"和"方法和问题"在右侧页面。具体来看，"导语"主要对工作坊的主题进行简要介绍；"文献"是工作坊的具体案例；"历史学家观点"介绍了历史学家对该主题的看法；"方法和问题"部分则对工作坊所讲述的

图5-23 "历史学工作坊"结构示意图

图片来源：https://fr.calameo.com/read/000596729751ba6b7cd07.

历史研究方法进行总结，并针对"文献"和"历史学家观点"部分提出问题。

以高一年级历史教材第八章历史学工作坊"历史学家如何通过档案开展工作"为例。该部分首先介绍了档案对历史学研究的重要性。接着呈现了1769年4月巴黎一对夫妇被控告偷盗的档案。随后，在"历史学家观点"部分，摘录了历史学家阿莱特·法奇（Arlette Farge）在其作品《档案的滋味》中对档案研究的看法。最后，在"方法和问题"部分，教材先以巴黎夫妇被控偷盗的档案为例，结合历史学家的看法，在分析流程、分析方法、关注重点等方面，提出了档案分析的四条建议。接着针对档案案例和历史学家的观点，向学生提出以下问题：

（1）在阿莱特·法奇看来，为什么司法档案对历史学家来说非常珍贵？

（2）通过对让-路易·巴凯[1]（Jean-Louis Bacquet）的控告和他的回答，我们能知道关于他生活的哪些信息呢？

（3）在你看来，为什么让-路易·巴凯的妻子与他同时被指控，但在档案中自始至终未出现她的姓名？

8. 会考复习

该栏目占两个页面，分为"章节总结""章节内容提纲"和"拓展学习"三部分（见图5-24）。其中，整个左侧页面都是"章节总结"部分。该部分以课为单位，对该章节的重点内容进行了文字总结，同时在文字的右侧，教材以文本框的方式对重点日期、重点概念和重点人物等进行了梳理。

---

[1] 1769年4月巴黎夫妇被控告偷盗档案中的主人公。

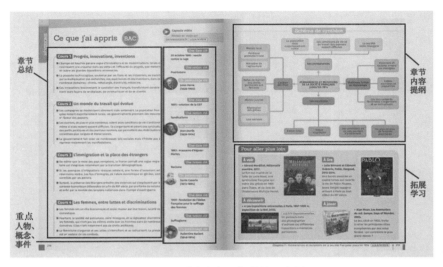

图5-24 "会考复习"结构示意图

图片来源：https://fr.calameo.com/read/000596729751ba6b7cd07.

　　"章节内容提纲"和"拓展学习"安排在右侧页面，其中"章节内容提纲"以图示的方式对章节内容进行了逻辑梳理，帮助学生理解章节的脉络、思路。"拓展学习"则提供了与章节内容相关的文学、影视作品信息，方便学有余力的学生进一步扩展。

9.会考方法

　　法国高中历史会考的题型有问答陈述和文献分析两种。针对这两种题型，教材按顺序将解题步骤和不同类型文献的分析方法分散在各个章节的"会考方法"中。例如，对陈述类题目，教材建议分成题目分析、组织答案、撰写导言、撰写结论、撰写答案五个步骤进行作答。对文献分析类题目，教材将文献分为图像类、地图类、数据类、漫画类、讲话类、报纸文章类、比较类等进行讲解。高一年级每个章节讲解其中的一个步骤或者一种类型的文献分析方式，高二年级视情况讲解1—2种，两类题目的会考方法在章节间进行交替讲解（见表5-5）。

表5-5　各章节会考方法讲解分布表

年　　级	章　　节	方　　法
高一	第一章	题目分析
	第二章	图像类文献描述与分析
	第三章	学习读图
	第四章	组织答案
	第五章	文献比较
	第六章	撰写导言与结论
	第七章	数据类文献分析
	第八章	撰写答案
高二	第一章	题目分析
		漫画类文献分析
	第二章	讲话类文献分析
	第三章	文献比较
	第四章	广告类文献分析
	第五章	组织答案
		报纸文章类文献分析
	第六章	撰写导言
		论战类文献分析
	第七章	撰写结论
	第八章	宣传布告类文献分析
	第九章	撰写答案
		证词类文献分析
	第十章	照片类文献分析
	第十一章	模拟试题：讲话类文献分析

注：灰色为问答陈述类问题的解题方法，白色为文献分析类问题的解题方法。

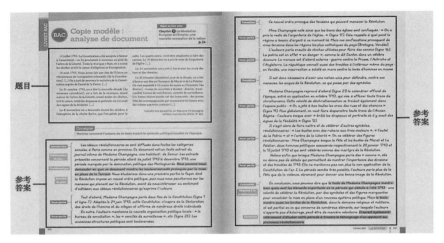

图5-25 "会考方法"结构示意图

图片来源：https://fr.calameo.com/read/000596729751ba6b7cd07.

　　具体来看，"会考方法"中，每种方法介绍占两个页面，由"方法讲解"和"应用练习"两部分组成。其中，"方法讲解"部分详细介绍了解题的具体步骤，"应用练习"部分就讲解的方法向学生提供有针对性的练习题。此外，在左侧页面的右上角，教材还用文本框的形式写明了该种题型的其他解题步骤，或其他类型文献分析方法的页码，方便学生查询。

（三）会考手册

1. 备考建议

　　包括"制订复习计划""复习方法""利用草稿复习""考试时间管理""压力释放""自主学习""丰富词汇""学会引用"和"会考后的未来规划"。每部分占一个页面，编者从"为什么"和"怎样做"两方面具体叙述每一个建议，有些建议后面还附上了"应用练习"环节（见图5-26）。

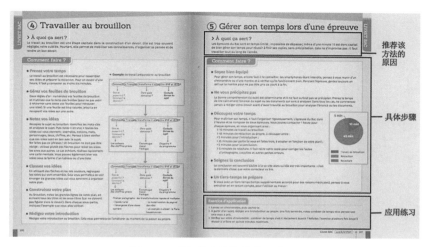

图5-26 "备考建议"结构示意图

图片来源：https://fr.calameo.com/read/000596729751ba6b7cd07.

2. 样题

由两份问题陈述类样题和两份文献分析类样题组成，每份样题占两个页面。主要是通过分析参考答案，帮助学生备考（见图5-27）。

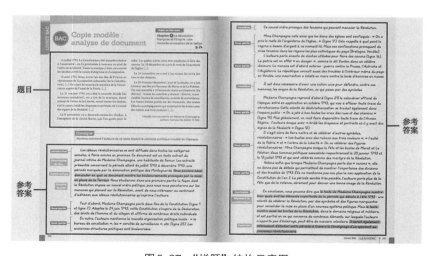

图5-27 "样题"结构示意图

图片来源：https://fr.calameo.com/read/000596729751ba6b7cd07.

（四）附录

1. 重点人物简介

按照人物姓氏首字母从 A 到 Z 的顺序进行介绍，包括姓名、出生年月、肖像和生平简介。

2. 历史名词索引

根据词语首字母从 A 到 Z 的排序，对教材中出现的历史专有名词进行简单介绍，并在最后附加了名词所在页码索引。

第三节

法国历史教材的编写特点

一、紧扣大纲，循序渐进

2015 年，法国政府颁布《重建共和国学校的课程方向法》，其中增设了文化维度的共同基础，扩展成为《共同基础》。2016 版《共同基础》主要在"思考与交际的语言""学习的方法与工具""公民的培养""自然与科技""世界与人类活动"五个方面提出了要求。[1] 其中第五条"世界与人类活动"与历史课程有着最直接的关联，而历史教

---

[1] 详细内容请参见本书第二章第二节第四部分"现行教学大纲概要"。

学对其他四方面能力，如法语的语言能力、信息与文献的获取能力、个人或集体项目管理能力的培养也都能够起到促进作用。

法国小学历史课从四年级开始设置，平均每周一个学时，小学阶段历史内容的学习属于引入阶段，旨在让学生能够区分历史与故事，能够理解过去是有待考证的。小学历史学习的目标不在于线性、详尽地了解历史，主要目的是初步建立历史的坐标，为后期的学习打好基础。[1]

基础历史知识的学习从初中正式开始，内容包含从人类诞生初期到近现代，是一个统一、完整的教学阶段。初中历史教学大纲指出："第四学段为学生提供了一种历史叙事的方法，使学生们能够按照时间发展的顺序，依靠主题丰富他们对于过去的了解。学生们可以重新发现是什么赋予了人类历史几大历史时期的特征。他们将会了解法国以及全世界范围内的一些重大历史进程。由此，学生们可以学习到能够揭示他们所生活的当代世界的一些要素，并学会在更全球化的历史环境中去定位法国历史。"[2]

高中阶段的历史学习较为深入。2019版法国高中历史教学大纲明确提出："要培养学生的历史推理能力，要求学生学会在一定的人文背景、时空背景下去评判一件历史事件的价值和局限，理解个人或集体的选择与疑虑，了解其行为在短期、中期和长期产生的影

---

[1] Ministère de l'Éducation nationale et de la Jeunesse. Programmes d'Enseignement Cycle 2, Cycle 3, Cycle 4 en 2015.［Z/OL］. Base de donnée de Bulletin Officiel du Ministère de l'Éducation Nationale, 2015: 173［2020-02-05］. https://www.education.gouv.fr/sites/default/files/2020-02/t-l-charger-les-programmes-48461.pdf.

[2] Ministère de l'Éducation nationale et de la Jeunesse. Programme d'histoire-géographie au collège 2015.［Z/OL］. Base de donnée de Bulletin Officiel du Ministère de l'Éducation Nationale et de la Jeunesse, 2015［2020-02-10］. https://www.education.gouv.fr/sites/default/files/2020-02/t-l-charger-les-programmes-48461.pdf.

响。"[1]还指出，要"进一步强化学生对文献的思考能力，让学生通过历史文献资料来构建关于过去的认知并发展批判性思维。学会运用历史的方法进行分析和论证，学会就某一历史局面建立并论证假设。"[2]高三阶段前不论分科，都要学习历史，学习范围主要集中在近现代史，涉猎知识面较广。

各学段历史教材都紧紧围绕大纲展开，严格遵循大纲的要求。比如案例版本的小学历史教材，教材共设置了6个主题，虽然总体上来讲是按照时间顺序安排的，但并不追求内容的详尽无遗，而是只选择了法国历史上一些关键的历史事件、人物进行学习，如法国国王路易十四、《南特敕令》的颁布、法国大革命等。相比于在具体知识层面对学生的要求，基本做到引导学生入门。

一方面，考虑到学生在该年龄段的阅读理解水平，每节课的容量并不大，教材设置了前言、史料和正文三部分。其中，正文部分只有几小段的文字，简明扼要地说明该课的重点内容。史料占了教材的大部分篇幅。这种对史料的重视首先有利于学生区分并理解历史与虚幻之间的区别，帮助学生树立正确的历史学科观念，这也是法国教学大纲对小学历史教学的首要要求。另外，针对史料还设有相关的探索问题，引导学生通过史料得出相关问题的解答，让学生知道有些历史问题的答案是开放性的，在历史学习中也是可以有自己观点的，从而培养学生的批判精神。在史料类型的选择上，教材也充分考虑到该年龄段学生好奇心较重、抽象思维尚未形成的特点，多使用图像类的史

[1][2] Ministère de l'Éducation nationale et de la Jeunesse. Programme d'histoire-géographie au lycée 2019. ［Z/OL］. Base de donnée de Bulletin Officiel du Ministère de l'Éducation Nationale et de la Jeunesse, 2019［2020-02-10］. https://cache.media.education.gouv.fr/file/SP1-MEN-22-1-2019/69/9/spe577_annexe1CORR_1063699.pdf.

料。尤其是四年级教材的史料部分，基本上都是图像性史料。到了五年级，随着学生文献阅读能力的提升，才逐渐提高文字性史料的比重。

另一方面，考虑到学生初次正式接触历史学科的现实情况，教材对于学习历史学科所必备的基础能力做了详细的讲解。在教材正文内容正式开始前，设有专门的"学习方法介绍"栏目，对时间轴的阅读使用、史料的阅读、艺术品的鉴赏，进行了详细的步骤划分，做了近乎"手把手"的方法指导。在每个主题最后的总结部分，又对不同类型文献的阅读步骤做了进一步的讲解，通过提问的方式引导学生学会阅读各类文献，为后续教育阶段的历史学习打下坚实的基础。

本书选取的初中教材案例，同样根据教学大纲按照能力要求进行编排，分为时空定位能力、文献分析理解能力、合作与互助能力、语言应用能力、推理证实及选择执行力等几种。例如在初一年级的历史教材中，涉及时空定位能力培养的共有两个章节，分别是第一章"人类的诞生"和第九章"罗马帝国与其他古代世界的联系"。根据这两个章节的具体情况，编者又进一步划分了"时空定位"能力，其中第一章"人类的诞生"是让学生对人类所处的时代有所了解，第九章"罗马帝国与其他古代世界的联系"是让学生了解并能够运用历史时间坐标。具体到各个章节，教材又将每个章节所需培养的能力由低到高分为四个阶段。比如，在第九章"罗马帝国与其他古代世界的联系"中，对于"了解并能够运用历史时间坐标"这一能力的培养，编者又将其详细划分为以下四个阶段：

（1）通过时间轴，我能够辨别重点历史阶段；

（2）我能够使用几个历史专有词汇，并辨别重大的历史阶段；

（3）我知道主要的历史时期并能够说出它们的名字；

（4）我知道并能够排列重大历史时期，对各时期的历史事件也能够进行排列。

从章节层面来讲，在每个章节的开篇导入部分，编者都详细说明了该章节各部分内容所对应培养的不同能力，并标明了页码，将核心素养与具体的课文、栏目直接相联系。最后，在章节的总结部分还设有专门的能力总结部分，帮助学生进行能力方面的自我定位。该版本教材将能力与具体章节甚至是章节内具体栏目相结合的做法，无论是对使用教材的教师还是对学生来说，都大有裨益。首先，对教师来说，通过这种按照能力对章节的划分，以及对于每种能力具体培养步骤的划分，教材将大的能力分成一个个小步子，让看上去有些大而宽泛的《共同基础》变得"触手可及"，为教学提供了更加有力的抓手。其次，对学生来说，这种做法拉近了学生与《共同基础》之间的距离，使得《共同基础》对学生来说不再是遥远的、抽象的，只在教师参考用书上出现的内容，从而消除了学生的心理陌生感甚至是恐惧感。同时，编者在有关能力的描述方面，统一使用以第一人称"我"开头的句子，例如"我能辨别文献的类别""我能够作出解释"，让学生更有带入感，进一步激发了学生的自主学习意识，帮助学生学会学习。

二、关注时空观念，培养历史思维

法国素来非常重视在各个学习阶段对学生时空观念的培养。法国指向6—16岁学生核心素养的文件《共同基础》明确指出，要培养学生的时空观念，在时间与空间维度理解社会以及人类文化产品。国民教育部2019年颁布的高中历史大纲中强调，要加强对学生时空观念的培养，同时加强时空观念的应用能力。

勒利弗尔斯科莱赫出版社高中历史教科书编写的案例就很好地体

现了用时间轴和地图培养学生时空观念的宗旨。

　　从时间轴的编排来看，教材在全书开篇、章节开篇和文献资料栏目开篇都设有时间轴。首先，全书开篇时间轴以主题为单位，用不同颜色标注了整本教材内容的历史年代以及各主题所处的历史阶段（见图5-28）。其次，在每个章节的导入部分都设有两种类型的时间轴，一种是章节具体内容的时间轴，该时间轴用横向箭头的形式对章节中的重要历史事件进行了串联（见图5-29）。另一种是章节间的时间轴，主要提醒学生相对于整本书来讲，该章节所处的时间位置（见图5-30）。最后，在大部分史料栏目（大纲规定的史料探索栏目、自行增设的史料探索栏目）的导语部分，编者都根据具体情况，针对文献涉及的历史事件设置了简单的纵向时间轴（见图5-31）。四种类型的时间轴层层递进，分别从全书、章节、具体事件的层面将学习内容化繁为简，反映该历史阶段的基本线索和发展脉络，时刻帮助学生进行历史时间定位。

图5-28　全书时间轴

图片来源：https://fr.calameo.com/read/0005967292db34c17fc6e.

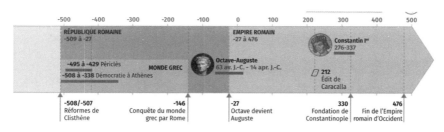

图5-29　章节时间轴1

图片来源：https://fr.calameo.com/read/000596729751ba6b7cd07.

图5-30　章节时间轴2

图片来源：https://fr.calameo.com/read/000596729751ba6b7cd07.

图 5-31　文献部分的时间轴

图片来源：https://fr.calameo.com/read/0005967292db34c17fc6e.

　　从地图的编排来看，各个章节都设有"时空定位"栏目，该栏目的主体构成便是地图。地图的内容根据章节的主题确定。例如在高一年级历史教材第七章"启蒙运动与科学的发展"的"时空定位"中，地图中通过正方形、三角形、五角星等标志标注了17—18世纪欧洲主要的印刷地、重大发明的诞生地、学院所在地、植物园所在地等。同时，编者通过赋予标志不同的颜色，反映了不同年代欧洲上述机构的分布情况，为静态的地图增加了时间维度上的动态感。除了各章节的"时空定位"栏目，课文正文和文献资料部分也会根据具体情况设置地图。例如在高二年级历史教材第一章第二课"革命的十年（1789—1799）"中就附有一张1793—1795年法国内外受敌的战争局势地图。

　　思维能力作为认识能力的核心，近年来在国内外的各级教育中都备受关注。我国学者赵恒烈认为："所谓历史思维能力，是人们用以再认知和再现历史事实，解释和理解历史现象，把握历史发展进程，分析和评价历史客体的一种素养。"[1]

　　案例选择的法国勒利弗尔斯科莱赫出版社高中历史教科书非常重视以问题的形式进行内容导入。无论是每个章节部分的开篇、课文部分的开篇还是史料探索部分的开篇，编者都会在导语下方就将要学习的内容提出问题，并以不同的颜色进行标注。尤其是在史料探索栏目，整个栏目只呈现了分析问题和与主题相关的史料，并没有添加编者对事件的评论。这样做一方面有利于培养学生的发散性思维和逻辑性思维，另一方面会给学生传递信息，告诉他们对待历史可以有自己的思考，并不是老师说什么就是什么，或者教科书说什么就是什么，从而培养学生的独立人格。当然，这种思考也并不是说让学生毫无边际地天马行空，史料和相关问题的引导会为学生提供一个合理的思考框架。

三、鼓励学科交叉，注重学习方法

　　法国一直以来就有多学科教学的传统，现在小学阶段仍然实行全科教学。虽然法国的学校从初中开始进行分科，但依然关注各学科之间以及学科与生活世界之间的联系。具体来看，法国在教学大纲层面就非常重视多学科教学的组织与实施，每个年级的每个科目都附有详细的多学科教学的组织建议。例如，2015版初中历史教学大纲建议，可以围绕欧洲的性别平等、妇女的权利、政治生活或职业生活进行跨学科教学。[2]同时指出，初四年级的主题三"1950年代至1980年

---

[1]　赵恒烈.论历史思维和历史思维能力［J］.历史教学，1994（10）：23—27.

[2]　Ministère de l'Éducation nationale et de la Jeunesse. Programme d'histoire-géographie au collège 2015.［Z/OL］. Base de donnée de Bulletin Officiel du Ministère de l'Éducation Nationale et de la Jeunesse, 2015［2020-02-10］. https://www.education.gouv.fr/sites/default/files/2020-02/t-l-charger-les-programmes-48461.pdf.

代社会上的男性和女性"可与现代语和法语课程相关联进行多学科教学。[1]

以案例中的高中历史教材为例，教材在最后部分专门设了约8个主题的"跨学科教学"部分，具体落实了教学大纲中建议的跨学科模块。在该版本的教科书中，跨学科教学主要以活动的方式展开，例如开展调查，做一个小型网页，制作视频等。如在初二年级的多学科教学部分，教材围绕亚瑟王（Roi Arthur）提出了一个结合历史、法语、英语三门学科的活动，希望学生能够围绕亚瑟王的足迹为旅行社设计一条热销且组织顺畅的旅游线路，并通过宣传册、小视频的方式进行展示。这种形式的活动一方面有利于培养学生有机运用多学科知识，通过实践解决实际问题的能力；另一方面，具体到历史学科来说，能够培养学生的历史实践能力，让学生认识到学习历史的目的不仅仅在于了解过去，培养历史观，更能够直接解决生活中的一些具体问题。这样的设计可以让学生对历史学科有更全面的认识，同时也有利于激发学生的学习热情。除此之外，从整体上来看，这种单独设立多学科教学部分的设计，也让整本教材内容更加丰富，大大增强了教材的实用性。

学会学习是各国教育教学中强调的重要理念。法国在教育教学中鼓励学生主动参与、乐于探究、勤于动手，培养学生搜集和处理信息的能力、获得新知识的能力、分析和解决问题的能力以及交流与合作的能力。

---

[1] Ministère de l'Éducation nationale et de la Jeunesse. Programme d'histoire-géographie au collège 2015. [Z/OL]. Base de donnée de Bulletin Officiel du Ministère de l'Éducation Nationale et de la Jeunesse, 2015 [2020-02-10]. https://www.education.gouv.fr/sites/default/files/2020-02/t-l-charger-les-programmes-48461.pdf.

首先，从获取历史知识的角度来看，案例中的高中历史教材在前言部分用了4页的篇幅对教材的各个板块进行了逐一介绍，以此帮助学生更好地把握教材的体例、结构，指导学生如何使用教材，从而让教材更充分地服务于学生的历史学习。在课文正文的"数字拓展"部分，以及章节最后的"会考复习"部分，都为学生提供了与所学内容相关的阅读或影视资料建议，拓宽了学生获取知识的渠道。例如，在高一年级历史教材第一章第四课"罗马对古代地中海统治"的"数字拓展"部分，编者对油管视频网站栏目"历史的坦白"（Confessions d'Histoire）之"高卢战争"（La Guerre des Gaules）进行了简单介绍，推荐学生进行拓展学习。

其次，从掌握历史知识的角度来看，一般来讲，成体系的、互相关联的知识比零散的知识更容易记忆和掌握。在该版本历史教材中，每一章节的时间轴都通过标有时间和文字的箭头列出了该章节的重大历史事件。时间轴作为历史发展的基本线索，充分发挥了其在知识构建中的支架作用。在每个章节最后的"会考复习"部分，编者用示意图的方式提纲挈领地总结了该章节的重点内容，并通过不同形式、不同颜色的箭头指明了其中的内在逻辑关系，进一步帮助学生构建知识体系，让学生学会如何掌握历史知识。

此外，教材在编排上还充分考虑到学生准备评价考试的需求，特别是从高中会考备考的角度进行了设计。当然，这种做法很重要的原因是为了迎合市场需求。其一，教材在每一章节的最后都设有"会考复习"栏目，帮助学生梳理本章节的重点知识内容，方便复习总结。其二，考虑到法国历史学科会考题目的具体情况（题型为问答陈述和文献分析），教材对这两种题型的解题方法给出了作答建议。具体来看，针对问答陈述类题目，教材总结了回答此类题目的步骤，包括如何进行题目分析、如何组织答案、如何撰写引入部分、如何撰写结论等，以步骤为单位被安排在各个章节末尾的"会考方法"中。针对文献分析类题目，教材就常见的文献类型，如漫画、演讲稿、广告、布告等，分门别类地对每种文献的分析方法进行了具体的讲解，以类型为单位在"会考方法"中呈现。两种类型题目的作答方法在章节间交替进行讲解（见表5-5）。从会考准备的非知识层面来看，编者在整个教材的末尾部分设置了10余页的"会考手册"，从制订复习计划、复习方法、考试时间管理、压力释放、会考后的规划等方面对学生进行"手把手"的辅导，大大增强了复习的便捷性。

四、突出史料功能，重点关注欧美

法国教材特别重视素材的选择，这也是很多教材更新的核心因素之一，历史教材更是如此。通过大量使用史料，可以帮助学生建立更为立体的历史观，建构历史认知，锻炼自己解释和理解历史现象以及分析和评价历史客体的素养。从史料性质来看，教材所选用的史料基本都是原始史料，且类型丰富多样。文字性史料主要包括条约、协定、会议报告、演讲发言、通讯稿、信件等资料的摘录。图像性史料包括绘画、漫画、广告、宣传画、摄影照片、碑刻等，每一幅图像史料下方都标注有作者、图像名称、年代、出处以及对图像的简要介绍。

从史料的分布来看，史料主要出现在"章节导入""时空定位""课文正文""史料探究（大纲规定）"和"史料探究（自行增设）"等部分，只不过在不同栏目中，史料的功能有所不同。具体来看，"章节导入""时空定位""课文正文"中的史料主要是对编者话语的补充说明，学生通过阅读文献资料，能够加深对历史事件的理解，从而提高历史思维能力。例如在高一年级历史教材第五章第二课"帝国的建立与扩张"中，在讲述法国16—18世纪对外扩张的战争历史时，编者提到，"通过1689年对阿图瓦（Ardois）的征服、1675年对阿尔萨斯（Alsace）的征服、1678年对弗朗什-孔泰（Franche-Comté）的征服，路易十四确立了他在欧洲政治和军事领域的霸权，营造了一个'永胜的战争之王'的形象"。这段内容配有一幅创作于1674年名为《路易十四征战贝尚松》的油画作为补充说明。在"史料探究（大纲规定）"和"史料探究（自行增设）"部分，史料则作为栏目主体。除了开头的导言和最后的问题环节由编者撰写，中间部分教材只陈述史料，并不发表评论。并且值得注意的是，在这部分，史料的选择非常多样化，不仅是形式多样化，更是观点多样化，看待问题视角的多样化。例如，高二年级历史教材第七章"大纲要求的史料探索1"《1889年和1990年的世博会》呈现了6篇史料，包括一张1889年机器工厂的照片、1889年的一篇报纸文章（其内容主要是对世博会上宗主国将殖民地人民作为展览对象的具体情况报道）、1889年正在建设的埃菲尔铁塔的油画、1907年法国一位领事笔下的世博会（艺术界对建设埃菲尔铁塔的抗议和多国退出世博会的情况）、1901年一位无政府主义者记录的世博会（社会对埃菲尔铁塔的排斥），以及一张1900年反映世博会技术创新的石版画。这样的史料构成和编排方式在将编者声音降到最小的前提下，尽可能地向学生呈现历史事件的全貌，给予学生看待历史事件的"上帝视角"。这样做不仅有利于学生理解历史的复杂性，理性看待特定历史背景下个人或团体的行为及其影响，还有利于引导学生在具体的时空背景、社会背景下对某一历史事件进行评判，从而发展学生的批判性思维。

通过对不限于案例的法国历史教材的梳理可以看到，教材中描述的历史多围绕地中海沿岸地区展开，关于以中国为代表的东方文明的内容少之又少。纵观从初一到初四的四本历史教科书，只有在初一年级第九章"罗马帝国与其他古代帝国的联系"中，将中国汉朝作为与古罗马帝国同时期存在的古代帝国进行了讲解，主要介绍了人类商贸历史上首条贯通欧亚的丝绸之路以及中国汉朝灿烂的文明。总体上来看，该教材对于中国汉朝以及丝绸之路能够客观评价，描绘了一个繁荣昌盛、国力强大的中国汉朝形象。但除此之外，无论是在课文正文还是在文献部分，都没有再出现其他历史时期的东方。目前来看，我国有许多研究者在探讨国外中学历史教科书中的中国形象，涉及美国、英国、德国、俄国、新加坡等国家，对于日本中学历史教科书中的中国形象的研究更是数不胜数。从学者们的研究成果来看，在这些国家的教科书中，纵然有歪曲、捏造中国历史的部分，但终归都以各自不同的方式塑造了古代、近代、现代的中国形象。相比之下，法国教材选择了沉默。

从法国的历史教学大纲具体的主题章节规划（详见附录一），以及教材的实际编写情况来看，作为世界历史的重要组成部分，绵延数千年的东方文化并未得到应有的关注。所提到的"人类历史""全世界范围""更全球化的历史环境"，无论是大纲还是教材，都没有做到其字面所表述的程度，背后真正的所指一目了然。

造成法国历史教材中东方文化缺席的原因可能有很多，但其中最关键的一点是与西方学术界在历史叙述方面长期以来形成的西方中心论有关。西方中心论（或称欧洲中心论）是从19世纪中叶起随着欧洲称霸世界而形成的一种思想观念或意识形态，它强调西方文明的优越性和以西方文明为坐标来衡量、批判非西方世界，并演变成一套话语，至今仍渗透于西方国家某些人的思想观念和人文社会科学之中。[1]这种以欧美为主轴编撰出来的历史一方面不利于培养学生的全球史观，另一方面会潜移默化地向学生传递西方中心主义的价值观，让学生想当然地认为教材呈现的内容就是"全世界范围内"的"人类历史"，误导学生对"全球化历史环境"的真正理解，其对学生看待中国、亚洲甚至整个世界造成的负面影响并不比歪曲捏造历史来得小。这样来看，自然也就不难理解为何法国平民百姓会对中国存在这样或那样的误解。造成这种局面的原因有很多，来自社会、政治等方方面面，但教材作为受众群体最多的书籍，它的影响不可小觑。

第四节

教材对重大历史问题的描述

历史教材对重大历史问题的描述不仅体现一个国家的世界观、历史观、价值观取向，更是解答"一个国家希望培养什么样的人"这一教育根本问题的关键。为了能够从内容层面更具体地呈现法国教材书

---

[1] 刘文明，彭鹏.中国抗战被缺席：澳大利亚中学历史教材中的二战与中国 [J].武汉大学学报（人文科学版），2017，70（2）：92—100.

写历史的方式，本书特选取初中阶段历史教材中第二次世界大战章节和高中阶段历史教材中法国殖民扩张章节，详细地展现法国历史教材对重大历史问题的描述情况。

一、对第二次世界大战的描述

初中阶段对第二次世界大战的讲述集中在初四年级主题1"欧洲，全面战争的主要战场（1914—1945）"中的第三章"第二次世界大战"。与常见的"原因—经过—结果"类型的教材叙述方式有所不同，该教材对"二战"的介绍围绕"全面性""毁灭性"和"意识形态性"这三个词展开，重点关注"全面性"和"毁灭性"这两个特点。

（一）一场全面性的战争

关于战争的全面性，编者认为第二次世界大战的全面性主要体现在时空层面、社会层面和经济层面。

首先，编者在章节开篇就从时空层面以地图、时间轴的形式向学生直观呈现了"二战"波及范围广以及持续时间长的特点。在章节开篇的"时空定位"栏目中，导语部分首先对"二战"作了简单介绍：

> 第二次世界大战的敌对双方分别是轴心国（德国、意大利、日本）和同盟国（美国、英国、苏联）。战争在欧洲和太平洋地区展开。轴心国先取得胜利，但随后在1942年接连战败。同盟国随即取得了主动权。1944年盟军在欧洲西线诺曼底登陆，同时苏联红军在东线取得进展，得益于此，欧洲获得了解放。1945年

5月，德国投降。1945年8月原子弹的袭击促使日本投降。[1]

随后通过三张地图展现了不同时间阶段、不同地区的战争情况。具体来看，第一幅地图描绘了1939—1942年间轴心国在欧洲及北非地区的扩张情况。编者在图中用不同颜色标注了轴心国对欧洲、北非地区的占领情况。第二幅地图主要是1942—1945年间欧洲及北非地区的解放进程，地图对同盟国海洋、陆地的进攻，以及欧洲、北非地区的解放进程进行了说明。第三幅地图关注1941—1945年间亚洲—太平洋战场的战争情况，重点标注了日本对亚洲区域的侵略，以及美国及其同盟国发起的反抗。教材希望通过这三幅地图着重强调"二战"的世界性特点，从而表现"全面战争"中地理层面的全面性。

紧接着，教材以时间轴的方式展现了"二战"的主要阶段以及重要历史事件。从1939年9月德军进攻波兰一直到1942年，编者将其定义为"轴心国的胜利阶段"，并标注了一系列历史事件：1940年5月德军侵占荷兰、比利时、法国和卢森堡，1940年6月法德停战，1941年6月德军入侵苏联，1941年12月日军偷袭珍珠港，1941年12月美国对日宣战等。从1942年到1943年，编者将其定义为"战争局势的转变"，标注了1942—1943年的斯大林格勒战役、1943年2月德军在斯大林格勒战役中的败退。从1943年到1945年，编者将其定义为"同盟国的反击与胜利"，标注了1944年6月诺曼底登陆、1944年8月普罗旺斯登陆、1945年5月纳粹德国投降、1945年8月广岛和长崎原子弹事件、1945年9月日本投降等事件，从时间维度展示了"二战"的全面性。

---

[1] BLANCHARD E, MERCIER A. Histoire+Géographie+Enseignement Moral et Civique 4ᵉ [M]. Lyon: lelivrescolaire. fr, 2016: 86.

其次，在课文正文中，编者用三小段文字从社会和经济层面讲述了战争的全面性：

> 几千万士兵投入到这场战争中。科学家们被动员起来研发各种新型武器：德国制造了V1、V2导弹，美国通过曼哈顿计划研制了第一颗原子弹。

> 经济被全面调动。美国发起了旨在将国家变成"民主军火库"的"胜利计划"（Victory Programe）。人民群众受到鼓舞，在经济方面参与战争，女性开始在工厂工作。

> 德国和日本依靠数十万的人民或战争停虏进行强制劳动。美国利用政治宣传画来获取人民的认同，或者借此揭露敌人的丑恶。[1]

为了能够让自己的讲述更加生动有力，编者在章节的"文献"和"艺术史"部分通过相关史料进一步具体说明了在"二战"期间社会、经济被全面动员的情况。其中，编者在"文献"部分以美国为例，通过史料呈现了"二战"期间美国的社会生活场景，包括战争期间美国女性在轰炸机工厂工作的照片、飞机工厂招募女工的布告、罗斯福总统1943年《民主军火库》演讲稿节选，以及几幅动员群众的政治宣传画，以与课文正文相呼应。"艺术史"部分则聚焦于政权为全面发动人民群众而借各种艺术形式进行的政治宣传，其中不仅有美国、苏联等同盟国的漫画、雕塑，还包括反映纳粹诋毁犹太艺术、黑人艺术的海报，从战争双方的立场描绘了政府在特殊历史时期通过各种形式对

---

[1] BLANCHARD E, MERCIER A. Histoire+Géographie+Enseignement Moral et Civique 4ᵉ［M］. Lyon: lelivrescolaire. fr, 2016: 94.

社会的动员。

（二）一场毁灭性的战争

对于"二战"的毁灭性，教材正文部分主要围绕集中营和大屠杀，对纳粹犯下的罪行展开叙述。

首先，关于集中营，教材课文正文作了如下描述：

> 自1933年起，纳粹开始通过恐怖主义打击政治反对派、同性恋、"反社会人群"、残疾人。纳粹因此建立了集中营网络。在战争期间，对抵抗人士的镇压导致集中营被拘押人数急剧上升。
>
> 集中营的环境非常可怕：被关押者饥寒交迫，忍受着疾病的困扰，还要每日被纳粹暴力粗鲁对待。他们被运送到集中营附近的工厂劳动，丧失劳动能力后就被杀害。[1]

在本章节的"阅读"部分，编者通过《奥斯维辛集中营指挥官口述》（*Le commandant d'Auschwitz parle*）和《纳粹主义的两个告诫》（*Deux leçons sur le Nazisme*）的节选，详细描述了纳粹对残疾人和同性恋的迫害，丰富了教材正文的陈述。

其次，关于纳粹进行的大屠杀，教材课文正文通过两段文字进行了大体介绍：

> 从1939年9月起，纳粹将波兰的犹太人聚集在一起，恶劣的

---

[1] BLANCHARD E, MERCIER A. Histoire+Géographie+Enseignement Moral et Civique 4ᵉ［M］. Lyon: lelivrescolaire. fr, 2016: 102.

生存环境导致极高的死亡率。在1941年6月苏联发动进攻后，纳粹别动队枪杀了数十万犹太人。

　　1942年1月，纳粹将种族灭绝视作最终解决方案，建立了新的集中营。这些集中营为灭绝营，如奥斯维辛集中营、特勒布林卡集中营。里面的犹太人被毒气毒杀后在焚尸炉中火化。吉卜赛人也是种族灭绝的受害者。约有600万犹太人和25万吉卜赛人被纳粹杀害。[1]

为了让学生更真切地体会到"二战"的毁灭性。在本章的文献部分，教材以德国纳粹别动队和特勒布林卡灭绝营为例，通过史料详细讲述了在"二战"期间纳粹对犹太人和吉卜赛人犯下的罪行。具体来看，在有关德国纳粹别动队的部分，考虑到该年龄段学生的抽象思维还在形成过程中，为了使他们对历史有更加感性的认识，教材首先呈现了一张犹太人在纳粹别动队的监控下向隔离区移动的照片，人群中既有围着披肩的女性，也有尚未成年的儿童，对学生而言更能感受到战争的残酷和纳粹令人发指的形象。随后，编者又节选了《华沙隔离区编年史》（*Chroniques du ghetto de Varsovie*）的一段内容，介绍了隔离区犹太人的日常生活，包括忍受饥饿、疾病、惨遭屠杀等。针对犹太人屠杀，教材通过《黑书》（*Le Livre noir*）节选和《灭绝：纳粹机器1941—1943》（*Extermination: la machine nazie* 1941-1943）节选进一步详细描述了纳粹残忍屠杀犹太人的过程和场景，并配上了一张纳粹在集体墓坑前枪杀犹太人的照片。除此之外，教材还以地图的方式

---

[1] BLANCHARD E, MERCIER A. Histoire+Géographie+Enseignement Moral et Civique 4ᵉ［M］. Lyon: lelivrescolaire. fr, 2016: 102.

绘制了整个欧洲地区犹太隔离区、集中营、灭绝营的分布。从地图上来看，这三类集中点数量众多，联系本部分其他史料对集中点残暴环境的描述，更加令人对纳粹的罪恶行径感到震惊和愤慨。

特勒布林卡灭绝营是继奥斯维辛集中营之后死亡人数最多的灭绝营（约有90万犹太人被杀害），教材以此作为分析案例，呈现了6份史料。比如万湖会议汇报节选，主要讲述了德国如何将灭绝作为犹太人问题的最终解决方案。随后教材按照运送、到达、屠杀的顺序列出了特勒布林卡灭绝营的相关史料。先是一份特勒布林卡幸免者的陈述节选，主要讲述了在被纳粹运往特勒布林卡灭绝营途中所遭受的非人待遇。随后是一张特勒布林卡灭绝营的地图，地图上清晰地标注了灭绝营的总体构造，包括10间毒气室、墓坑、伪装成医院的行刑地、伪装成火车站的仓库、被关押者的木棚屋和看管者的木棚屋，将集中营具象化地呈现在了学生面前。接着是《特勒布林卡地狱》（*L'Enfer de Treblinka*）的节选，主要描绘了运送犹太人的火车到站后的场景。随后，编者将学生的目光聚焦到毒气室，通过节选幸存者的陈述，详细描述了纳粹采用毒气室进行屠杀的具体过程。最后，教材援引了国际犹太人权组织西蒙·维森塔尔中心（Simon Wiesenthal）的数据，对整个"二战"期间惨遭杀害的犹太人和吉卜赛人的人数作了统计。

（三）一场意识形态的战争

关于"二战"是一场"意识形态战争"，教材给出了如下解释："交战国希望将自己的世界观强加于他国的战争。"[1]具体来看，编者在

---

[1] BLANCHARD E, MERCIER A. Histoire+Géographie+Enseignement Moral et Civique 4e［M］. Lyon: lelivrescolaire. fr, 2016: 89.

课文正文中就第二次世界大战的意识形态性作出了如下陈述：

> 纳粹德国希望获取"生存空间"并消灭欧洲的犹太人。日本人希望统治东亚。欧洲和亚洲的同盟国因民主价值观而结盟。苏联希望能够确立共产主义的优势。
>
> 虽然某些欧洲国家与纳粹进行了合作，但其他国家决定以自由或人权的名义反抗纳粹的占领。[1]

（四）教材关于第二次世界大战的编写特点

1. 以"人"为重点关注对象

由上文对法国历史教材中"二战"部分编写的梳理可以看出，教材并没有采取传统的历史叙述方式，并没有对"二战"的原因、进程作过多的阐释，也没有集中于国家和民族之间的输赢较量，只是在单元开篇采用时间轴的方式简单交代了"二战"总体进程，随后无论是在"历史定位""课文正文"，还是在"文献"部分，都直接围绕"二战"的全面性、毁灭性和意识形态性这三个重要特点展开。其中重点描述了"二战"的全面性和毁灭性。从教材中编者的话语和所呈现的史料来看，相比于描写各大战役场面，该版教材更倾向着墨于战争中处于水深火热之中的平民百姓，尤其是遭受迫害的犹太人和吉卜赛人，反映了教材关注人性的价值观。

教材肯定了女性在战争中所扮演的重要角色。提到战争，人们一般都会想到冲锋在前的男性，但实际上女性在"二战"期间也起到了至关

---

[1] BLANCHARD E, MERCIER A. Histoire+Géographie+Enseignement Moral et Civique 4ᵉ〔M〕. Lyon: lelivrescolaire. fr, 2016: 94.

重要的作用。对于一直致力于追求性别平等的法国来说，女性在战争中
扮演的角色更是教材编写中必不可少的部分。具体来看，教材以美国为
例，在课文中提到"美国发起了旨在将国家变成'民主军火库'的'胜
利计划'（Victory Programe）。人民群众受到鼓舞，在经济方面参与战
争，女性开始在工厂工作"，[1] 并在史料部分附上了美国女性在轰炸机工
厂工作的照片和飞机工厂招募女工的布告（见图5-32）。从史料的具体
内容来看，编者并没有选择同时期女性在食品工厂或者服装工厂工作的
照片，而是刻意选择了轰炸机工厂和飞机工厂，其背后也另有深意。虽
然食品和服装同属于战争的后勤保障，但就效果而言，一张女性在食品
工厂流水线前工作的照片远不如一张女性站在轰炸机部件前工作的照片

图5-32　教材"二战"部分的图像史料

图像来源：https://en.calameo.com/read/0005967297a387a131778.

---

[1]　BLANCHARD E, MERCIER A. Histoire+Géographie+Enseignement Moral et Civique 4e ［M］. Lyon:
　　　lelivrescolaire. fr, 2016: 94.

来得震撼。女性形象与轰炸机形成了鲜明对照，传递出女性在战争中的力量。在另一份飞机厂的招工布告上写着这样一句话："越多女性参与，我们赢得越快。"更是直截了当地言明了女性在战争中所作出的不可磨灭的贡献。虽然编者并未做任何带有感情色彩的评价，但通过这些史料的选择，完全能够感受到教材想要向学生传递的价值观。

这种强调对人性的关注还凸显在对犹太人、吉卜赛人大屠杀的描述中。该章节有将近一半的篇幅讲述纳粹犯下的种族主义罪行，可见其在编写者心中的分量。其中，"文献"部分将纳粹别动队和特勒布林卡灭绝营作为案例进行具体描述，相较于我国同教育阶段的历史教材，其选用文献的尺度非常大。例如，在特勒布林卡灭绝营的相关文献部分，教材呈现了特勒布林卡灭绝营幸存者的口述节选：

> 在我到达集中营的时候，这里已经有3个毒气室。在我被监禁期间，另外的10个毒气室也相继建成（……）房间里有一个运输毒气的管道（……）400—500人同时挤进一间只有25平方米的屋子（……）不到25分钟，所有人都死掉了，尸体一个压着另一个。我们的任务就是把他们运到墓穴里。有时一天要毒死2万人（……）到处堆满了各种各样的物件：数以百万计的衣服、内衣和其他的日常用品，都被后来的人扔掉了。一天，一辆载有70名吉卜赛人的车到了华沙，刽子手用对待犹太人同样的方式杀害了他们。[1]

在纳粹别动队的相关史料部分，编者节选了《灭绝：纳粹机器

---

[1] BLANCHARD E, MERCIER A. Histoire+Géographie+Enseignement Moral et Civique 4e［M］. Lyon: lelivrescolaire. fr, 2016: 99.

1941—1943》（*Extermination: la machine nazie.*1941-1943）中的一段内容：

> 犹太人脱掉衣服后被运到了巴比亚（BabiYar），经过2—3个狭窄的通道被推搡进了山谷。到达谷底后，德国的守备警察抓住他们并将他们推向已经被杀害的尸体堆。整个过程非常之快。尸体铺成了一层。警察射击手用冲锋枪瞄准犹太人的脖子进行枪杀（……）一个犹太人被杀死后，射击手马上走向尸体，在此期间下一个犹太人已经躺在了地上，射击手继续射杀。就这样不停地一个接着一个，男女老少之间没有任何区别。[1]

相信通过这样的情景描写，学生必然能更真切地感受到"二战"最真实的面貌。相较于冷冰冰地简单统计被迫害的犹太人人数，这样的幸存者或见证者的口述更能拉近学生与历史之间的距离，更震撼人心，同时也更易引发学生的思考，引导学生们思考人性，思考在价值观混沌不清时如何保持人性中的善，从而培养学生的世界公民意识。只有这样，当如今的青少年成长为社会的中流砥柱时，他们才能够居安思危，避免重犯人类历史上的重大错误。这也跟法国的国家口号"自由、平等、博爱"中的"博爱"精神相契合。

2. 以欧洲战场为研究重点

众所周知，"二战"的主战场在欧洲和亚太地区，除此之外还有非洲战场。然而，通过上文对章节内容的梳理能够看出，该教材将重点几乎完全放在了欧洲战场，对亚太战场的描述多处存在不准确、不

---

[1] BLANCHARD E, MERCIER A. Histoire+Géographie+Enseignement Moral et Civique 4ᵉ［M］. Lyon: lelivrescolaire. fr, 2016: 97.

清晰的情况。

教材在章节开篇"时空定位"栏目放了一张"1941—1945年亚太地区战争局势图"，展示了"1939—1943年间被日本占领的区域"以及"1943—1945年间美国及其盟军的反击"。教材对这段历史的处理极为粗糙，一方面仅提及日本是轴心成员国之一，将包括中国在内的反击日本侵略的国家统称为美国盟军；另一方面，时间轴上仅标注了日军偷袭珍珠港、广岛长崎的原子弹事件和日本的投降，丝毫未提亚太战场上的其他关键事件和重大战役。

此外，在该章节的"阅读"部分，编者呈现了一张第二次世界大战死亡人数统计柱状图，标注了"二战"期间死亡人数排名前十的国家，包括平民死亡人数和军队死亡人数。其中中国位列第一，死亡人数远远高出第三至第十位国家数倍。在这张柱状图旁，却仅有这样一段话：

> 第二次世界大战共有逾6 000万人死亡，其中超过一半是普通民众。波兰的犹太人几乎被全部消灭（300万的犹太受害者）。中国与日本的战争从1937年持续到1945年。[1]

中国战场是"二战"反法西斯的重要战场。诚然，美国向日本的广岛、长崎投放原子弹对日本的投降起到了一定的加速作用，但中国人民不惜一切代价英勇抵抗，为反法西斯战争取得胜利作出了巨大贡献。教材中，关于中日战争的时间描述也不符合史实，从1931年日本关东军挑起九一八事变，到1937年七七事变之后的全面抗战，中国抗

---

[1] BLANCHARD E, MERCIER A. Histoire+Géographie+Enseignement Moral et Civique 4ᵉ［M］. Lyon: lelivrescolaire. fr, 2016: 105.

击日本侵略长达14年。中国人民艰苦卓绝的抗战牵制了大量日军，有
力地支援了其他反法西斯战场，为世界反法西斯战争的胜利作出了重
大贡献。然而教材的选择性编写反映出一种西方中心的倾向，而且这
一做法绝不仅限于少数西方教材。

英国历史学家爱德华·霍列特·卡尔（Edward Hallett Carr）曾
说："我们只有根据现在，才能理解过去；我们也只有借助过去，才能
理解现在。使人能够理解过去的社会，使人能够增加把握当今社会的
力量，便是历史的双重功能。"由此可见，教材中这种历史史实的缺
失会直接影响法国青少一代世界观的形成，对法国青少年认识中国、
日本乃至整个亚洲，都不会起到积极作用。

二、对法国殖民扩张的描述

法国高中历史教材对法国殖民地的描写主要集中在高二年级主题
三"1914年前的法兰西第三共和国——政体与殖民帝国"的最后一个
章节"法国本土与殖民地（1870—1914）"中。从整体上来看，该章
节由六部分构成，主要讲述了1870—1914年间法国进行殖民扩张的原
因、经过及其影响（见表5-6）。具体来看，第一部分为章节导言以及
法兰西第三共和国期间殖民帝国的地图。第二部分由第一课"殖民地
的征服（1870—1914）"和阅读材料"1898年法绍达：帝国主义的冲
突"组成。第三部分由第二课"遍布各洲殖民帝国的管理"和阅读材
料"1887年：《土著民法典》在殖民地的普遍化""殖民：宗主国的好
买卖？"组成。第四部分由第三课"殖民地社会：对殖民地的认识与
不平等的现实"和阅读材料"殖民城市西贡"组成。第五部分由第四
课"殖民化的争论"和阅读材料"新喀里多尼亚：流刑犯殖民地"组
成。第六部分主要包括活动学习、单元复习和会考方法等。章节总计

27页，占全书历史部分的8.7%左右[1]，与教材历史部分的平均章节页数大致相同。

表5-6　法国高中历史教材中法国殖民扩张章节内容构成表

导　　言	殖　民　缘　起
地图	法兰西第三共和国期间的殖民帝国
第一课	殖民地的征服（1870—1914）
阅读材料	1898年法绍达：帝国主义的冲突
第二课	遍布各洲殖民帝国的管理
阅读材料	1887年：《土著民法典》在殖民地的普遍化
阅读材料	殖民：宗主国的好买卖?
第三课	殖民地社会：对殖民地的认识和不平等的现实
阅读材料	殖民城市西贡
第四课	殖民化的争论
阅读材料	新喀里多尼亚：流刑犯殖民地
活动学习	如何书写一位无名氏的历史：小丑黑巧克力
单元复习	总结与拓展
会考方法	对宣传海报的分析

（一）对殖民动机与经过的描述

　　章节首先以一段简短的文字作为导言，简单交代了整个章节的脉络：

---

[1]　勒利弗尔斯科莱赫出版社2019版高二年级《历史—公民教育》中历史部分共310页。

殖民化是19世纪欧洲扩张的主要表现。如果说法国的殖民始于1830年对阿尔及利亚的占领，那么殖民扩张则主要发生在法兰西第三共和国时期的1870—1914年。殖民以文明开化的使命作为其理由，但殖民的过程依旧非常暴力，引发了殖民地社会的抵抗和宗主国的激烈讨论。[1]

随后紧接着抛出了问题："法兰西第三共和国是如何走向殖民主义道路的？它是怎样建立殖民帝国的？"问题下方配有两幅图片，一幅是1900年的彩色图片《我们的殖民区》(*Notre domaine colonial*)，内容主要为摩洛哥、塔希提、塞内加尔、越南四个殖民地人民幸福生活的场景，图片旁配有文字解说："这些在儿童中间流传的小图片展现了和谐的殖民化。"[2]另一幅是1885年的作品《占领谅山》(*La prise de Lang Son*)，展现了法国夺取越南谅山时用刀枪刺杀当地人的战争场景，并配有文字："殖民化在损害当地人的暴力行为中完成，在1881年到1885年间，法国占领了印度支那半岛的大部分地区。"[3]两幅图片分别对应导言文字中"文明开化的使命"和"暴力的殖民过程"。引文和图片简明扼要地交代了法国殖民扩张的历史背景、方式和影响，有针对性地提出两个问题吸引学生的注意力，并激发其求知欲。

在第一课的正文中，编写者认为，法兰西第三共和国之所以进行殖民扩张，主要出于三点原因。一是在1870年普法战争法国战败后，共和国想要通过殖民扩张重新找回法国以往的骄傲姿态，并增强法国的实力。二是基于一种殖民的意识形态，朱尔·费里（Jules Ferry）在

---

[1][2][3]　　BESSON F, MERLE T. Histoire+Enseignement moral et civique 1re ［M］. Lyon: lelivrescolaire. fr, 2019: 222.

当时提出了一系列法国殖民政策的方针，包括经济上的需求、战略上的需求以及宗主国对殖民地"文明开化的使命"。关于"文明开化的使命"，课本正文的注释框中解释为："这种观点认为，某些自认发达的国家应该将文明带给其他国家。"[1]三是当时法国社会殖民思想的普及化。1892年法国殖民政党成立，在殖民政策方面进行了有效的推动。同时，一些关于殖民主义的作品也在权力阶层广泛传播。学校也成为向大众传播殖民思想的重要场所。一时间，殖民的思想变得非常流行。

关于殖民的经过，教材中并没有详细展开，只是从整个欧洲的视角简单谈了欧洲列强对非洲的瓜分、暴力的征服手段和欧洲国家之间的敌对。首先，关于对非洲的瓜分，编者指出：

> 非洲作为尚未被认知的土地，吸引了欧洲列强的觊觎。1885年的柏林会议制定了瓜分非洲的标准。1914年，几乎全部的非洲地区变成了殖民地。[2]

在这一部分，教材还配上了1914年欧洲各国瓜分非洲的地图，通过不同的颜色清晰地展现了欧洲在非洲的殖民情况。

其次，在征服的手段方面，教材并没有回避殖民中所使用的暴力：

> 无论是在非洲还是在亚洲，欧洲各国面对的都是非常强大甚至是现代化的国家。征服通过武力的方式完成，这期间导致了大屠杀和人民的被迫迁徙，例如对达荷美和马达加斯加的征服。

---

[1][2] BESSON F, MERLE T. H stoire+Enseignement moral et civique 1re ［M］. Lyon: lelivrescolaire. fr, 2019: 226.

在具体到法国的情况时，教材将法国的殖民策略形容为"犹豫不决的殖民政策"，即强调除了暴力占领以外，法国还有一部分殖民地是以和平的方式通过与地方权势人物协商谈判获取的，例如皮埃尔·萨沃尼昂·德·布拉柴（Pierre Savorgnan de Brazza）对刚果的占领、奥古斯特·帕维（Auguste Pavie）对老挝的占领。

最后，教材描述了欧洲国家因为殖民问题造成的敌对局面：

> 殖民的竞争引发了欧洲的敌对。法国与意大利因为争夺对突尼斯的控制权相互对抗，与英国因为苏丹（1898年法绍达冲突）产生对立，与德国因为摩洛哥（1905年丹吉尔危机、1911年阿加迪尔危机）相互敌对。[1]

随后，就欧洲国家之间的敌对，在第一部分的阅读材料中，教材选取了1898年法、英之间的法绍达冲突作为案例，通过三份法方的史料进行了更为细致的介绍。

（二）对殖民地管理的描述

教材通过"领地的地位""殖民地政策"与"对殖民地的经济开发"三部分叙述了法国对殖民地的管理。

在"领地的地位"部分，教材区分了法国的殖民地和保护地这两种性质的领地，将殖民地定义为"由总督直接管理的领土"，将保护地定义为"享有一定的内部自治权，附属于外交部的领土"，并特别

---

[1] BESSON F, MERLE T. Histoire+Enseignement moral et civique 1ʳᵉ［M］. Lyon: lelivrescolaire. fr, 2019: 226.

指出，阿尔及利亚在1848年被划分为法国的3个省，直接隶属于内政部管辖，是法国唯一一个真正意义上的移民地。[1]

在"殖民地政策"部分，编者首先重点强调了政策的"模棱两可"，或者说是"含糊不清"，表示虽然从官方层面来讲，殖民地应当被视作宗主国的延续，宗主国应对其实行同化政策，但实际上法国实行的是一种联合政策（politique d'association），即一种宗主国在地方人的协助下所进行的统治。殖民地的管理人员经常与地方的精英阶层进行协商，并尝试说服地方人民与他们配合。教材通过这一部分先让学生对宗主国管理殖民地有了宏观的概念。随后在阅读材料中，通过6份关于《土著民法典》的史料，进一步详细地展现了法国对其殖民地的管理政策。具体来看，首先，教材节选了1875年阿尔及利亚实行的《土著民法典》，告诉学生当地人在怎样的情况下会受到惩罚，但省略了惩罚的具体内容。随后通过两张图片展现了当时对当地人实行惩罚的场景。一张是在1908年拍摄的照片，照片中10余名越南青年戴着头铐、手铐、脚铐，照片旁附有文字"当地士兵尝试对第四炮兵进行投毒，判决很快完成，犯人被判处死刑"。另一张是1908年马达加斯加的青年赤膊修建铁路的照片，照片旁附有文字"强迫劳动是殖民地在劳动力短缺时最常见的惩罚方式"。此外，教材还选取了三段当时法国人关于《土著民法典》的争论，从支持和反对两方面向学生展示了法国社会对此的不同观点。

在"对殖民地的经济开发"部分，一方面，教材阐述了对殖民地进行经济开发的动机，指出宗主国为了获得所需要的原材料对殖民地

---

[1] 关于"移民地"，教材解释为"宗主国会派很多移居民到该殖民地永久定居的领地"。

进行投资并发展出口，例如印度支那的橡胶和大米、马格里布地区的葡萄和柑橘。同时指出，为了提高盈利，宗主国对殖民地的基础设施建设进行投资，并将其视作一桩真正的生意。课文后的阅读材料就宗主国在殖民地的经济收益以及人民的态度，通过图表、照片和文字性的史料作了详细介绍。另一方面，教材毫不掩饰地指出，殖民地的经济因此变得极其不稳定，引发了人口流动和饥荒，并强调在特许权制度下，当地人民受到剥削，自然资源遭受掠夺。

（三）对殖民地社会的描述

对于殖民地的社会状况，教材主要从"宗主国社会对殖民地的印象""宗主国为殖民地带去的变化"和"现实中殖民地的状况"三方面进行介绍。

首先，教材认为殖民地引发了宗主国社会不切实际的幻想。在宗主国人民的眼里，殖民地既令人神魂颠倒又野蛮。同时，大部分去殖民地旅行的人带有欧洲中心主义视角，不同的声音少之又少，这进一步增强了殖民地在宗主国社会中的魔幻化色彩。

其次，在"宗主国为殖民地带去的变化"部分，课本用了带引号的"进步与文明的传教士"作为标题，从传教、医学和教育三方面进行介绍。在传教方面，教材指出，天主教和新教的传教士致力于当地社会的基督化，在教育和传播宗主国文化方面扮演了重要的角色。在医学方面，教材强调殖民地的卫生机构承担了当地天花疫苗的研制工作，指出巴斯德研究所（Institut Pasteur）在西贡（Saïgon）和阿尔及尔（Alger）建立了分所。在教育方面，编者提到，建于1883年的法语联盟（Alliance Française）承担了在殖民地的法语教学任务，认为教育是"对精神与心灵的殖民"。

最后，教材介绍了殖民地社会种族主义与不平等的社会状况。教材将这种不平等划分为三个层面。第一是地域层面的不平等，移民被安排生活在单独的街区。第二是司法上的不平等，强调《土著民法典》区分对待了当地人和欧洲人。第三是社会层面的不平等，当地人只能做一些次要的工作，并且获得的薪水较低。此外，通常来讲，殖民地不允许通婚，但教材同时强调，即便如此，当地的女性也经常遭受性暴力。而对于这种现象背后所隐藏的种族主义思想，教材指出，白种人的优越性在当时得到广泛传播，助长了种族主义。在这种思想下，不同形式的文化帝国主义所展现的家长式态度被视作合理正当。并且，教材也认为在传播法语的背景下，当地的文化被完全颠覆，不仅破坏了传统，改变了当地的景致，还摧毁了当地的宗教。

为了更加具体地向学生展示殖民地的社会情况，教材将越南西贡（今胡志明市）作为案例，通过城市区划地图、街巷和西贡教堂的照片、克老特·发赫儿（Claude Farrère）的小说《文明人》（Les civilisés）节选、西贡教堂落成仪式上主教的发言等史料，展现西贡殖民时期的城市风貌、生活场景。这进一步印证了课文中提到的殖民社会的种族隔离，以及宗主国给殖民地带来的变化。

（四）对殖民反抗的描述

教材从宗主国和殖民地两方面介绍了殖民反抗。

第一，在宗主国对殖民化的反抗方面，教材从政治、经济、文化三个领域描述了宗主国发起的殖民抗议。在政治方面，教材指出法国国内的民族主义人士担心殖民化会带来分裂的风险，因此反对殖民化。但同时提到，这种抗议的声音随着殖民地逐渐成为宗主国劳动力、军人的后备地而削弱。在经济方面，编者提到一些自由主义经济学家以殖民所需的经济费用为由反对殖民化。同时强调社会主义国家对殖民化的斥责，并将帝国主义视作"资本主义的最高阶段"。在文化方面，教材指出，艺术群体、政治群体和知识分子群体的部分出版物中反对殖民扩张，数名作者对殖民社会的暴力与种族主义进行了批判。

第二，在殖民地的反抗部分，教材指出，首先在法国占领殖民地的过程中，当地政权进行了激烈的武装反抗，并且曾击败了法国军队。其次，在法国夺得统治权后，当地人民又因对统治秩序不满发起反抗，例如农村地区因为反对强制劳动力、税收压迫、土地征用而产生的暴动，以及由于文化和宗教引发的抗争。教材配了一张1890年练习册的封面，图中赤膊上阵、装备简陋的新喀里多尼亚青年正在反抗装备精良的法国人的攻击。最后，教材认为，随着当地新一代权贵在法国学校甚至是在法国本土接受教育，他们开始要求权利平等，希望国家和社会向现代化转变，因此发起了改良主义运动。同时，教材也指出改良主义运动的失败促使民族主义运动爆发，殖民地因此开始要求取得民族独立。

（五）教材关于殖民地扩张描述的特点

对于法国进行殖民扩张的问题，教材逐渐承认并正视法国的历史行为。近些年来，法国对其殖民历史的态度有了明显的转变。前总统奥朗德就曾公开表示，法国殖民统治造成了不公正且残酷的体制。马克龙上台后于2018年发表声明，正式承认法国在殖民期间的暴行。教材作为社会主流价值观传播的重要载体，表达这样的态度虽然有些出人意料，但也在情理之中。

从章节的具体内容来看，在勒利弗尔斯科莱赫出版社2019年出版的高中历史教材中，虽然有的地方写得比较简略，例如对殖民占领的过程，教材只有简单的三小段内容，但毫不掩饰法国在殖民过程中所使用的暴力征服手段、在殖民地管理中对当地劳动力的剥削、对自然资源的掠夺，以及殖民地人民的反抗带来的沉重打击。无论是课文文本，还是图片史料、文字性史料，皆如此。比如，在针对新喀里多尼亚的案例研究"新喀里多尼亚：流刑犯殖民地"部分，教材作了如下叙述："新喀里多尼亚被视为澳大利亚模式的社会实验基地，在殖民过程中对当地的美拉尼西亚人异常残暴。当地人被剥夺了土地，并几乎走向灭绝，从1887年到1900年，人口数从4.5万人下降到了2.7万人。"[1]

　　同时，章节的整体编排规划也表现出教材处理这段历史的积极态度。教材并没有将大量篇幅用于讲述殖民占领的经过，殖民扩张的动机、历程只占整个章节的四分之一，其余部分都围绕殖民的影响展开。在这样的编排结构下，殖民占领的过程、某一历史事件、具体发生的时间顺序并不是要求学生关注的重点，而对殖民扩张给各方带来的影响的思考，以及对于这段历史本身的解读才是教材希望学生能够重视的。这种编排选择不仅更能激发学生对这段历史的反思，从长远来看也更有利于学生历史思维的培养。

　　当然，教材在一些措辞、史料的立场等细节上还是体现出对法国辩护。首先，从措辞方面来看，在描述对殖民地的攻占时，教材全部以欧洲作为叙述的主语，讲述了欧洲列强对非洲的瓜分、欧洲的暴力征服手段以及欧洲国家之间的敌对。这种表述潜移默化地向学生传递

---

[1] BESSON F, MERLE T. Histoire+Enseignement moral et civique 1ʳᵉ［M］. Lyon: lelivrescolaire. fr, 2019: 242.

了"整个欧洲皆行此事"的态度，似乎有"法不责众"的意思。具体到法国的情况时，教材又用了"犹豫不决"来形容法国的殖民策略，特别强调除了暴力占领外，也有一些殖民地是通过和平协商的方式获得的。其次，在史料的选择方面，几乎对每一个问题教材都列出了正反双方的意见，例如在以歧视著称的《土著民法典》的3份相关史料中，有2份都是当时法国社会反对该法典的声音。诚然，教材是通过不同立场的史料努力为学生呈现一个看问题的"上帝视角"，但也能够感受到教材在暗示学生当时的法国社会依旧存在正义之声，竭力为法国挽回一定的形象。最后，虽然教材没有刻意美化殖民行为，但也从传教、医学和教育三个方面简单叙述了法国给殖民地带来的一些变化，比如研制天花疫苗，建立研究所分所等。

结　语

法国教材编制和选用的研究，恰如一面映射出法国教育本质的镜子，也体现出法国教育传统与现代性的特征。

从传统上看，法国国民教育在19世纪初就确立了"自由、义务、免费、世俗（非宗教）"的原则以及中央集权的教育行政体系。因袭传统，法国教材允许"一纲多本"，学校可以自行选择教材使用，国家主要通过教学大纲来规范教材编写的内容，体现了统一性与多样性。虽然中小学阶段，学生家庭几乎不承担任何费用，但由于各学段教材经费来源不同，各地财政差异，不同地区教材选用和循环利用的办法呈现出较大差异，特别是在高中阶段。

同时，教育的现代化发展也推动了法国的教材建设。一直以来，法国非常重视教材建设，已基本形成了一支规模适当、相对稳定、素质优良的教材建设队伍。步入21世纪，法国多次修订教学大纲，强化与时俱进的意识，教材编写队伍也更加重视异质化，各出版社在教材的内容和编排形式上都更加重视符合学生认知发展特点和喜好，培养学生批判性思维，特别是持续推动纸质教材与数字教材的融合发展，积极探索交互等技术，并将其应用于教材，从而推动教学信息化。

教材作为国家事权，需要体现民族国家的主流价值观，因此也经常成为价值争辩的场域。例如被写入法国宪法的"世俗"原则，虽然公民享有信仰的自由，但自由的前提是保障"公意"，因此，世俗的教育过程中不允许出现宗教和政治的表述，校园中也不允许传教或佩戴任何明显的宗教标志，包括穆斯林的头巾、犹太教的小帽或者基督教的十字架。但法国自"二战"后，为解决战后劳动力紧缺问题，大量吸收原殖民地移民，造成移民占人口的比例不断攀升。法国社会对移民的接纳是建立在移民接受共和国价值观的基础上，然而移民群体特别是穆斯林社群与法国教育的世俗传统形成了较为强烈的文化冲突和心理隔阂。2015年，法国社会党政府摩洛哥裔教育部长贝卡塞姆（Najat Vallaud-Belkacem）将"伊斯兰文化""移民史"的内容纳入中等教育，在法国政学两界掀起轩然大波，最后不得不狼狈收场。

　　国际社会也经常会出现由教材引发的政治论辩。法国-土耳其议会间小组曾多次致信法国的出版社，否认塔拉特·帕夏电报的真实性，要求将亚美尼亚大屠杀描述为"土耳其与亚美尼亚人之间发生的重要事件"，并要求在该电报旁标注"文件真实性有待考证"。此外，"前进巴勒斯坦"组织也曾发起请愿，以阿歇特和阿提埃出版社2003版历史教材中含有"种族中心主义"的相关内容为由，要求教材退出课堂，当然，最终由于教材属于国家事权而维持了本国教材编写的权利。

　　在对法国占较大市场份额的几大出版社的历史教材进行梳理的过程中，我们可以明显感受到西方中心的视角。比如对第二次世界大战这一知识点的描述，阿提埃出版社、阿歇特出版社、勒利弗尔斯科莱赫出版社、马尼亚赫出版社、贝林出版社无一例外都将重点放在欧洲战场，而对中日战争的描述均仅寥寥几笔，几大出版社中仅有阿提埃一家提到了南京大屠杀。这种"言必称希腊"的西方中心主义无疑是妨碍国际理解，妨碍西方认识并理解中国的原因之一，应该寻求外交、教育交流等途径进行辩争。

综上所述，法国的基础教育教材恰如透视法国的多棱镜，折射出这个国家的价值观、历史观和世界观，折射出法国意图塑造的文化特质和公民特性，体现了法国教育对知识和教学的理解，反映出法国对差异的包容度和对未来的态度。教材扮演着教育资源和工具的角色，更是承载着传承文化、创造新知的使命。开展对他国的教材研究，不仅有利于丰富国别研究，也可以促进中国特色教材的建设。

附录

附录1　法国第四学段历史教学大纲（2015版）[1]

一、总述

第四学段的历史—地理教学将使学生初步掌握学习知识、语言、历史和地理的方法。在第四学段中，将进一步培养学生在上一学段中获得的能力，即判断空间、判断时间、推理、在数字世界中搜集信息、理解和分析文档、在实践中使用不同的历史—地理语言、合作和互助。

在第四学段中，学生将逐渐了解历史—地理学科如何能够准确地反映人类社会的时间、空间，并理解各种社会现象。大纲中预定的教学主题可确保学生发现人类群体的历史演变和地理组织的复杂性。

历史—地理教学必须考虑到这两个学科之间的互补性：教师团队需要坚定地强调历史对地理、地理对历史的贡献，以均等的方式均衡地处理大纲中提到的问题。教师可根据希望采用的教学方法来确定每小时为每个主题或子主题投入的时间。大纲中涉及的主题、工具和方法提供了与其他学科合作的众多机会，特别是生命与地球科学、数学、法语甚至现代语言，这些学科都会涉及异国或地区性的文化、历史。特别要注意与道德和公民教育学科之间建立联系，《共同基础》第三部分"人与公民的培养"需要历史—地理与道德和公民教育学科

---

[1]　法国历史和地理为同一学科，这里只摘取了历史—地理学科大纲中的历史部分。

之间的紧密配合。历史—地理教师团队还可利用艺术史的主题来指导教学，可以从历史或者地理大纲的任何条目入手进行关联。这项工作有助于使学生对艺术品特殊的身份地位更加敏感。艺术作品既与个人联系在一起，又与普遍性联系在一起，使得学生可以接触事实，甚至可以接触过去的文化。因此这种探索发现会帮助学生将过去的艺术作品与当今的艺术作品联系起来。为了使这种文化遗产更接近其本身的文化，学生要学会识别艺术品的形式、材料和艺术表达，并将其与赋予其意义的用途联系起来。此外，大量历史—地理的主题和方法论条目也为媒体和信息教育作出了贡献。

二、能力培养

（斜体表示在第三学段已经涉及，第四学段将继续深化这种能力的培养）

（一）定位时间：建立历史坐标

1. 事件与历史时期相对应；

2. 可以正确排列事件发生的先后顺序；

3. 可以将同一历史时期的事件相关联；

4. 辨别年代的连续和中断以适应历史分期，并培养在年代中往返穿梭的意识。

涉及《共同基础》的第一、二部分。

（二）推理、论证和作出选择

1. 提出有关历史或地理情况的问题；

2. 建立用于解释历史或地理现象的假设；

3. 检查数据和来源；

4. 论证一种方法、一种解释。

涉及《共同基础》的第一、二部分。

（三）在数字世界中获取信息

1. 了解并使用不同的信息系统；

2. 查找、选择和使用信息；

3. 使用在线搜索引擎、词典、百科全书、文献资源网站和网络、数字教科书、地理信息系统；

4. 检查信息的来源及其相关性；

5. 对数字数据进行批判性思考，学习将其与各种类型的文档进行比较。

涉及《共同基础》的第一、二部分。

（四）分析和理解文献

1. 了解文献的一般含义；

2. 辨析文档及其特殊观点；

3. 提取相关信息以回答一个或多个与文献有关的问题，并进行分类、排序；

4. 将文献与所研究主题的其他内容相比较；

5. 使用知识来阐明、解释文献，并进行批判性思考。

涉及《共同基础》的第一、二部分。

（五）练习地理和历史的不同语言

1. 通过写作来建立自己的思想和知识，来推论，来进行沟通和

交流；

    2. 利用口头表达来思考、交流和分享；

    3. 了解并认识到历史叙事和历史、地理所使用的描述特征；

    4. 进行图形和地图制作；

    5. 进行视听制作和幻灯片制作；

    6. 能够在语境下运月合适的专有词汇；

    7. 学习论证技巧。

    涉及《共同基础》的第一、二部分。

（六）合作与互助

    1. 在小组的框架下组织个人的工作，以完成一项集体任务或者作品，并向小组贡献自己的知识、能力；

    2. 使个人的工作节奏配合小组的工作节奏；

    3. 讨论、解释、比较个人的陈述，为个人的选择辩护；

    4. 如果需要集体工作，协商共同的解决方案；

    5. 学习使用可以实现集体目标的数字工具。

    涉及《共同基础》的第一、二部分。

三、大纲介绍

    第三学段的历史教学使学生理解了过去是知识的来源和质询的对象。学生从一些有形的历史踪迹和文献中看到了学科的吸引力。在完成第三阶段的学习之后，第四学段将会提供一种历史叙事的方法，使学生可以通过时间顺序和主题的发展来丰富对过去的了解。学生将会了解伟大的演变，例如转折点、国家和全球历史的断裂。在学习阶段结束后，学生将会习得探索当代世界的方法，并将能够在更全球化的背景下去看待法国的历史。

与地理主题相关的联系使学生能够更好地理解历史和地理之间的关系，尤其是过去与现在之间的距离，这有助于他们更好地及时定位自己所处的位置，并更好地理解是什么赋予了当下时代的特殊性。除了在教科书和其他教学资料中获得知识外，学生们还将从社会和家庭中获取知识。

该教学大纲是在第三学段的基础上按照年代的顺序编写的。在初一学习的基础之上，第四阶段的历史教学使学生能够在义务教育结束时，完成所有主要历史时期的学习。在这种情况下，教学大纲基准提供了主题方向，其中又细分为各个子主题，教师可以根据他们认为行之有效的方法进行具体处理。这些主题侧重于过去社会的主要特征和要点、时代之间的过渡以及有助于公民培养的问题。

第四学段与第三学段一脉相承。首先，学生在第四学段将更深入地了解法国历史，发现其悠久性、丰富性和复杂性。其次，学生将探索欧洲与世界的关系史，经济、社会和文化之间的联系，以及国际关系史。再次，初一年级学生已经接触过的宗教问题在此阶段将进一步丰富、加深，可以让学生更好地理解当下社会上的争论。最后，从全局的角度出发来处理历史事实，平等地阐明所学习的每个历史时期男女的处境、状况和相关行动。因此，教师在讲授历史时要注意性别方面的平衡。

该教学大纲的目标是培养学生广阔的历史视野。教师要采用适合学生年龄的教学方法，在技能和知识之间寻求适当的平衡，而无须过多关注学术研究，并且优先选择对过去进行反思所必不可少的内容。教师要发展多样化的学习情境，尤其是通过跨学科方法，以最大程度地确保习得《共同基础》规定的知识和技能。

因此在第四学段中，学生将在掌握知识方法方面取得进步，能够建立、调动历史知识。学生们将继续进行历史论证，并为其探索的历史情况赋予意义。他们将进一步深入检查资料，并通过将它们的背景相关联提出质疑。与文献分析以及书面和口语表达相关的能力仍然是日常课堂练习的核心。

这些基于文献培养的能力有助于真实而严格地传授历史实践。这些训练还旨在激发学生学习过去人类行为的乐趣。

四、大纲规划主题

（一）初二年级大纲规划主题

表1　初二年级大纲规划主题

大　纲　规　划	教学方法和内容
主题1 **基督教与伊斯兰教（6—13世纪），相互联系的世界** ● 拜占庭和欧洲加洛林王朝 ● 从伊斯兰教的诞生到蒙古人占领巴格达：权力，社会，文化	初一年级学习了从史前时代到上古时期，初二年级将继续教授中世纪到文艺复兴时期的历史，使学生了解以宗教为标志的社会的思维模式、视野和环游世界的方式，以及对世俗力量组织的构想。 在6—13世纪，从查士丁尼时代到蒙古人占领巴格达（1258年），这是一个向学生展示帝国如何诞生和发展，并强调国家团结或者分崩离析的教学机会。在团结或分裂的这些因素中，宗教是一个重要的解释性因素。政治、军事和宗教力量之间的关系也有助于确定哈里发、贵族和皇帝各自的职能。地中海区域大国之间的互相往来说明了它们对外开放的方式。水手、勇士、商人横渡的地中海也是科学、文化和艺术交流的地方。

（续表）

大 纲 规 划	教学方法和内容
主题2 **西方封建（11—15世纪）的社会、教会和政治权力** • 领主秩序：乡村的形成与统治 • 新的城市社会的出现 • 卡普提斯王国和瓦卢瓦王国君主制国家的确立	封建社会充满了基督教的宗教价值观，它是在封建王权、世俗和教会权力的联合统治下建立起来的。农村及其开发是支撑各大权力的主要根基。在初一年级学习了新石器时代之后，本年级关于土地的征服内容将会让学生再次考虑人类与环境之间的纽带。但同时，主要始于12世纪的城市运动带来了新的生活方式，并刺激了市场经济的产生。 王室政府奠定了现代国家的基础，逐渐将自己强加于封建权力，扩大了其领土范围，并开发了一种更有效的行政手段对其进行控制。
主题3 **16世纪和17世纪欧洲的转型和向世界的开放** • 查理五世和苏莱曼大时代的世界 • 人本主义、宗教改革与冲突 • 从文艺复兴时期的君主到专制国王（弗朗索瓦一世、亨利四世、路易十四）	15—16世纪出现了第一次全球化：考虑到奥斯曼帝国和伊比利亚人在这两个历史进程中所扮演的重要角色，我们选择从地中海区域的重大发现和重组出发来反思欧洲的扩张。欧洲文艺复兴时期经历的科学、技术、文化和宗教动荡让学生们重新审视政治力量与宗教之间的关系。 通过法国的例子，我们将加强对皇家王室人物从16世纪到17世纪演变的研究，该研究已经在第三学段进行了介绍。

（二）初三年级大纲规划主题

表2 初三年级大纲规划主题

大 纲 规 划	教学方法和内容
主题1：18世纪的扩张、光明与革命 • 18世纪的商人资产阶级、国际贸易和奴隶贸易	初三年级的课程要向学生介绍，从路易十四逝世到法兰西第三共和国建立期间欧洲和法国主要的政治、经济、

（续表）

大 纲 规 划	教学方法和内容
• 启蒙运动的欧洲：思想的传播，开明的专制主义与对专制主义的抗争 • 法国大革命和帝国：法国和欧洲的新政治秩序和社会革命	社会和文化变化的基础知识。其中包括推动这些变化的主要参与者，而不仅仅局限于政治人物。 对与殖民地种植业经济发展有关的交流的研究可以帮助学生了解：欧洲列强之间对抗的源头；大西洋沿岸的富裕；与非洲奴隶贸易有关的大西洋奴隶贸易的发展和殖民地奴隶制的兴起。 科学精神的发展以及更为宽广的视野，促使文人和科学家质疑他们所生活的世界的政治、社会和宗教基础。学生应学会研究新思想如何在深刻变化的政治环境中得以传播，不同社会团体把握新思想的方式以及公众舆论被赋予的新地位。 在共和国与帝国战争的背景下，要描绘法国大革命对法国乃至欧洲的政治、经济和社会秩序所作的贡献。在这种情况下，我们可以在大西洋革命的背景下重新考虑法国大革命的特点。需要认识到法国大革命和随后帝国所进行的重大行政和社会改革的重要性。
主题2 **19世纪的欧洲与世界** • 工业革命的欧洲 • 征服与殖民地社会	新的生产组织、新的生产地点、新的交流方式：欧洲正在经历一个工业化进程。这一进程改变了景象、城市和乡村，打乱了原有的社会和文化，并孕育了新型政治意识形态。同时，欧洲的人口增长带来了向外移民，并且要通过例子给学生说明这种现象的重要性（爱尔兰、意大利移民等）。最后，还要概述工资收入的增长、工人阶级的状况、周期性的危机及其对工作的影响，这些都产生了社会问题和新的政治竞争形式。跨越欧洲的1848年革命改变了国籍观念和工作权观念。

（续表）

大 纲 规 划	教学方法和内容
	新的殖民征服加强了欧洲对世界的统治。学生可以从法国殖民帝国的例子中看到殖民的逻辑必然性。学生将发现殖民社会的功能。还应介绍废除奴隶制的漫长过程。 该主题同时也讨论世界知识如何演变，以及科学思想如何摆脱宗教的世界观。
主题3 **19世纪法国的社会、文化和政治** • 艰难的征服：1815年至1870年的投票 • 第三共和国 • 社会变迁中的女性境遇	从1815年到1870年法国人民的投票：谁投票？投给谁？如何投？投票问题是政治辩论的主题，因此有可能解释19世纪的政治动荡，并可以看到法国人是如何从1848年开始学习"普选权"的。 在1870年和1871年事件之后，面临的挑战是在共和国实现民族团结：学校、直辖市、军营成为建立进步世俗共和文化的地方。虽然制定了《政教分离法》，共和国仍然备受争议。 女性在以政治排斥为特征的社会中处于什么地位？扮演什么新角色？不管是活跃的女性、家庭主妇、资产阶级、农民还是工人，女性的生活环境和诉求是什么？

（三）初四年级大纲规划主题

表3　初四年级大纲规划主题

大 纲 规 划	教学方法和内容
主题1 **欧洲，全面战争的主要战场（1914—1945）** • 第一次世界大战中的平民和士兵	初四年级的课程为学生提供了理解当代世界的钥匙。它显示了法国、欧洲和世界所经历的危机，以及可能造成的社会和政治变化。

（续表）

大 纲 规 划	教学方法和内容
• 两次世界大战期间欧洲民主政体的脆弱和专制政体 • 第二次世界大战：一场歼灭战 • 法国被击败并被占领；绥希政权中的合作与抵抗	通过动员平民和军队，大战考验社会的凝聚力并不断地削弱当时的社会制度。战斗人员和平民遭受了极端暴力，尤其是1915年亚美尼亚人的种族灭绝。在俄罗斯，全面战争为布尔什维克革命奠定了基础，斯大林式的苏联共产主义于1920年代建立。在《凡尔赛和约》签订和大萧条之后，纳粹政权结成同盟。法国人民阵线（Front Populaire）的政治经验就是在这种危险性增加的情况下产生的。 大规模暴力和沮丧是第二次世界大战的特征，这是一次世界性的冲突。要了解犹太人和吉卜赛人的种族灭绝以及其他少数民族所遭受的迫害。 在欧洲和法国范围内，抵抗力量反对纳粹占领和与之合作的政权。在1940年失败的震惊中，军事和人民力量对反对共和价值观的维希政权发起了抵抗。
主题2 **1945年之后的世界** • 新国家的独立和建设 • 冷战时期的两极世界 • 欧洲计划的达成和实施 • 1989年以后世界上的问题和冲突	殖民帝国的迅速崩溃是20世纪的主要历史事件。通过所选择的示例来研究殖民取得独立的方式。 冷战是这一时期的另一大事件，是东西方对抗的一部分，这种对抗创造了对立的模式，并引发了对本地和全球挑战的危机。美国和苏联发动了一场意识形态和文化战争，一场舆论和信息战争，以维护自己的力量。新国家的独立性和第三世界的出现使世界的两极逻辑受到质疑。在这种情况下，欧洲建设的阶段和挑战应根据国际背景来确定，并应从其具体的成就着手。 在当今世界，竞争与冲突的本质是什么？它们在哪些领域发展？我们将从案例研究中寻找答案的一些要素（可以将此方法与地理大纲进行交叉）。

（续表）

大 纲 规 划	教学方法和内容
主题3 **重塑共和国的法国儿女** • 1944—1947年，重新建立共和国，重新定义民主 • 第五共和国，从戴高乐主义共和国到交替更迭再到共同执政 • 1950年代至1980年代社会上的男性和女性：新的社会和文化挑战，政治方面的对策	"二战"后法国的解放让法国在积极的重建中恢复了共和国的合法性。共和国在政治上使女性得以融入。全国抵抗委员会（Conseil national de la Résistance）的重要改革方案延长和补充了人民阵线的改革方案，从社会意义上扩大了民主。 1958年戴高乐将军重新掌权后，建立了以加强行政权力和多数票为标志的第五共和国。这段历史为学习共和制机构、政治原则和实践提供了背景，这些内容也会在道德与公民的教育科目中学习。 在20世纪下半叶，法国社会发生了重要变化：女性的地位、青年的新愿望、移民的发展、人口老龄化、失业率上升。这些变化改变了共和社会模式。对立法适应社会变化的实例研究，将有助于了解政治辩论中的某些问题以及法国民主中行使公民权利的方式。

五、跨学科教学

（一）古代语言和文化

中世纪拉丁和希腊文献的重要性：编年史研究。了解拉丁语和希腊语如何与欧洲身份联系在一起。初二年级主题1"基督教与伊斯兰教（6—13世纪），相互联系的世界：拜占庭和欧洲加洛林王朝"，可以与古代语言学科相关联，探索其对艺术和文化教育作出的贡献。

（二）科学、技术和社会／文化与艺术创作

跨学科教学可以围绕与中世纪伊斯兰文明中艺术与科学之间的关系

展开。初二年级主题1"基督教与伊斯兰教（6—13世纪），相互联系的世界：从伊斯兰教的诞生到蒙古人占领巴格达"，可以与数学、生命与地球科学、物理—化学、造型艺术、艺术史相联系进行多学科教学。

（三）科学、技术与社会 / 身体、健康、福祉与安全 / 语言与外国文化和区域文化

通过16世纪的伟大科学人物哥白尼、伽利略等，了解科学方法以及科学与社会之间的关系。初二年级主题3"16世纪和17世纪欧洲的转型和向世界的开放：人本主义、宗教改革与冲突"，与数学、科学、技术、法语、现代语言等科目都有所关联。

（四）语言与外国或地区文化 / 文化与艺术创作

可以围绕王室权力的崛起而吸引和激发的艺术方式进行跨学科教学。初二年级主题3"16世纪和17世纪欧洲的转型和向世界的开放：从文艺复兴时期的君主到专制国王"，可结合法语、现代语言、视觉艺术、音乐教育、艺术史，开展艺术和文化教育课程。

（五）信息、沟通与公民身份 / 文化与艺术创作

奴隶制及其历史渊源：引发的争论；承诺的历史；集体经验塑造文化的方式。初三年级主题1"18世纪的扩张、光明与革命：18世纪的商人资产阶级、国际贸易和奴隶贸易"，可结合法语、现代语言、视觉艺术、音乐教育、艺术史，开展艺术和文化教育课程。

（六）科学、技术与社会 / 经济和职业世界

改变世界观的新科学理论：它们的工作方式及其影响（例如达

尔文和进化论）。初三年级主题2"19世纪的欧洲与世界：工业革命的欧洲"，可与物理—化学、生命与地球科学、数学和技术等课程相关联。

（七）信息、沟通与公民身份／文化与艺术创作

1. 在19世纪，政治走向大众化。可以通过分析新闻、海报、艺术和风景作品，研究这些新的政治生活组织方法所采取的形式。初三年级主题3"19世纪法国的社会、文化和政治：艰难的征服"，可结合法语、现代语言、视觉艺术、音乐教育、艺术史，开展艺术和文化教育课程。

2. 政治宣传是一种政治交流的极端形式。学生对其进行分析将是一个重大的教育问题（例如：为战争文化和极权主义宣传服务的形象）。初四年级主题1"欧洲，全面战争的主要战场（1914—1945）"，可与法语、现代外国和地区语言、视觉和造型艺术、音乐、艺术史相结合，开展艺术和文化教育课程。

（八）信息、沟通与公民身份／外国或地区语言和文化／经济和职业世界

可以围绕欧洲的构建，通过欧洲多国不同的视角来进行跨学科教学。初四年级主题2"1945年之后的世界"，可与现代语课程相关联。

（九）信息、沟通与公民身份

可以围绕欧洲的性别平等、妇女的权利、政治生活或职业生活进行跨学科教学。初四年级主题3"重塑共和国的法国儿女：1950年代至1980年代社会上的男性和女性"，可与现代语和法语课程相关联。

附录2 法国第四学段生命与地球科学教学大纲（2015版）

一、总述

在整个第四学段中，教师会在教授基本知识与概念的过程中，关注学生学习的渐进性和连续性，提供必要的时间以便学生领会和吸收。作为第二学段（询问世界）和第三学段（科学和技术）中学习方法的延续，第四学段生命与地球科学的教学框架中涉及以下方法：

1. 借助资料，发现并辨别因果关系，获取最新的科学知识，对其进行理解并用于进行充分的推理；

2. 使用具体的、观察性的、实验性的和建模的方法来领会现实的复杂性；

3. 区分事实和观念；

4. 了解技术的地位、产生方式以及与科学的相互作用；

5. 解释人与自然之间的联系；

6. 阐明生活节奏和自然环境（益处/危害）产生的影响，以及人类的不同行为对自然产生的影响；

7. 通过作出明智的选择来行动，包括方向选择；

8. 要行使负责任的公民身份，尤其是在卫生和环境领域，包括建立与世界、他人和自己身体的联系，整合经济和技术领域的发展，承担由此产生的社会和道德责任。

在第四学段中，生命与地球科学要使年轻人摒弃以人类为中心的世界观，并区分科学事实和信仰，以便建立自然或技术现象与现实世界的科学联系。这种科学姿态是由态度（好奇心、思想开放、批判性思维和对错误的积极利用等）和能力（观察、实验、建模等）组成的。

生命与地球科学在第四学段的培训目标围绕3个主题进行组织：行星地球，环境和人类行为；生命及其演变；人体与健康。因此，作为第三学段延续的生命与地球科学课程，与第四学段的物理—化学和技术课程相呼应，并且与其他学科联系在一起，从而展现了真实的科学视角。本科目还展现了一个特殊的视角作为其他视角的补充，即通过丰富的道德方法解决社会的实际问题。

二、能力培养

（一）实践科学方法

1. 提出科学问题；

2. 提出一个或多个假设来解决问题，通过设计实验对假设进行检验；

3. 使用观测仪器，做好准备工作和成果收集工作；

4. 解释结果并得出结论；

5. 交流讨论方法、结果和选择；

6. 确定并选择概念、工具、技术或简单模型以实施科学方法。

涉及《共同基础》的第一、二、四部分。

（二）设计、创造与实现

设计并实施实验方案。

涉及《共同基础》的第四部分。

（三）借助工具及方法进行学习

1.学习如何组织你的工作（例如实施实验方法）；

2.确定并选择工具和技术来跟踪你的研究（口头和书面）。

涉及《共同基础》的第二部分。

（四）练习语言

1.阅读并使用以不同形式呈现的资料：表格、图表、图解、图像、研究结论、思维导图等；

2.以不同的形式呈现资料，从一种呈现形式转换到另一种，然后选择适合工作情况的一种。

涉及《共同基础》的第一、四部分。

（五）使用数字工具

1.通过选择相关的关键词，在互联网上搜索信息以回答科学问题，评估信息来源的可靠性和结果的有效性；

2.使用资料获取和模拟软件以及数据库。

涉及《共同基础》的第二部分。

（六）采取道德且负责任的行为

1.辨别人类活动在不同程度上对环境的影响（益处和危害）；

2.根据科学论据，选择对你的健康或环境负责的行为；

3.了解个体和集体在保护地球资源（生物多样性、矿产资源和能源资源）和卫生方面的责任。

4. 参与安全规章的制定并在实验室和相关场所中应用；

5. 区分信仰或观点，以及科学知识的构成。

涉及《共同基础》的第三、四、五部分。

（七）时空定位

1. 在物种进化中定位人类物种；

2. 了解不同的地质和生物时间尺度（地球的历史、生命的出现、生物的进化和灭绝等）；

3. 了解同一现象/同一功能的不同空间尺度（营养：生物体层面、器官层面和细胞层面）；

4. 通过科学和技术的历史明确如何构造科学知识。

涉及《共同基础》的第四、五部分。

上述技能并非独立存在，而是依照前文中列出的3个主题进行设计的。

三、大纲内容规划

（一）初二内容规划：行星地球，环境和人类行为

1. 期望获取的能力

（1）研究并阐释与地球运行有关的某些地质现象。

（2）研究并阐释气象学和气候学的某些基本概念。

（3）辨别人类行为对地球表面的主要有益和有害影响。

（4）思考并论证对环境负责任的行为以及保护地球有限资源的合理性。

2. 知识与技能解读

表1　初二知识与技能

相关知识和技能	学生情况、活动和工具示例
太阳系中的地球 从地球动力学背景出发，解释一些地质现象： ● 太阳系，类地行星和气态行星。 ● 地球（形状、自转、内部动力和板块地质构造；地震，火山喷发）。 ● 地质时代 　解释一些气象和气候现象。 ● 气象学；空气质量动力学和水质量动力学；风和洋流。 ● 天气与气候之间的差异；地球的主要气候区。 ● 过去（地质时间）和当前的气候变化（人类活动对气候的影响）。 将与自然灾害（例如地震、飓风、洪水）和人类活动（空气和海洋污染、全球变暖等）有关的科学知识，与预防（尽可能）、保护、适应或缓解措施联系起来。 ● 自然现象：对人类的风险和挑战。 ● 与自然现象有关的风险、脆弱性和危险的基本知识；自然现象的预测预报。	本地或区域实例以及当前事件都将受到青睐，数据库、测量、实验和建模的使用也将受到青睐。 当学生在科学与技术的背景下进行学习时，该主题将有助于了解科学的发展、观念的演变，例如地球的形状、相对于太阳的位置、大陆的漂移…… 为了应对气候的演变，将从人类的时间尺度中选择实例，但可以涉及一些过往的气候实例（例如第四纪冰川）。 可以从与地球外部动力学有关的现象中获取到与危害和风险相关的所有概念，然后将其重新应用到地球内部动力学领域，反之亦然（例如气象或气候危害、地震、火山喷发、污染和其他技术风险……）。 涉及的活动将使学生了解社会问题以及公共政策和个体行为的影响。 给出的一些例子使学生能够辨别并使用生物技术来确定与生活方式相适应的、旨在更好地尊重自然平衡的解决方案，进而保护或恢复环境。
与几个主要的社会问题相关，描述了人类开发自然资源时所面临的一些主要挑战。 ● 人类为了满足其食物需求和日常活动而开发的一些自然资源（水、土壤、石油、煤炭、木材、矿产资源、渔业资源等）。 研究并阐释不同层面自然资源管理方面的选择。 阐释人类活动如何改变生态系统的结构和功能，且与某些全球环境问题相关联。	该主题使学生有机会了解某些行为和生活方式的后果（例如：水污染、某些地区水资源短缺、化石资源燃烧和全球变暖、土壤侵蚀、森林砍伐、动植物物种消失等）。 精心挑选的几个例子使学生能够找到与生活方式相适应的、旨在更好地尊重自然平衡的解决方案，进而达到保护或恢复环境的目的（通过利用可再生能源、水处理、无污染运输、废物管理、城市整治和能源优化等技术）。 该主题特别有助于公民与道德教育。

（续表）

相关知识和技能	学生情况、活动和工具示例
提出关于节奏和自然（益处/危害）产生的影响，以及人类的不同行为对环境产生的影响的论据。 • 人类活动与环境之间相互作用的一些例子，包括人类与生物多样性之间的相互作用（从局部生态系统及其动力学层面到行星层面）。	

3. 渐进性梳理

（1）与地球运行、气候学和气象学有关的地质现象

在第三学段研究了地球及其在太阳系中的位置后，第四学段将学习多个现实例子（地质、气象和气候现象）及其危害、脆弱性、风险、预测、预防、适应和保护。此外，结合"生命及其演变"主题，过去与当前的气候变化可以与生物分布的变化联系起来。

（2）自然资源、生态系统和人类活动

在整个学段中，多次涉及此部分。探究可从地方或区域一级开始，研究将人类活动整合到一起的不同生态系统的运行，以及自然资源的开发和管理。这些研究结果可以运用到之后探究地球运转的部分。

（二）初三内容规划：生命及其演变

1. 期望获取的能力

（1）在不同的时空尺度上解释现实世界的组织、结构和动力。

（2）联系不同的事实建立因果关系来解释：生物体的营养、人口动态、生物的分类、生物多样性（物种多样性）、个体遗传的多样性、生物的进化。

2. 知识与技能解读

表2 初三知识与技能

相关知识和技能	学生情况、活动和工具示例
将动物细胞的需求与体内运输系统的作用联系起来。 • 在生物、器官、组织和细胞层面的营养和功能组织。 • 营养及其与微生物间的相互作用。 将植物叶绿素细胞的需求（包括物质生产、提取和存储）与植物内的运输系统联系起来。	这个主题特别适合： • 在科学史中，学生在历史和技术环境中了解有关生殖、遗传或进化的知识演变。 • 对所研究的生物的组成和生物（包括细菌和真菌）的多样性进行不同层面的观察。 我们更喜欢通过现场观察来收集资料，在一个简单的层次上对它们进行组织和处理，以及实施实验方法。 在这个主题下适合使用测定工具和分类工具。学生可进行细胞培养或实施研究方案以获得转基因生物、细胞系（母细胞的来源、生长、保存、道德标准）或克隆生物。 利用知识评估并论证其他行星上可能的生命形式。
通过种群动态，将生物的有性和无性繁殖的生物学要素与环境对个体生存的影响相关联。 • 有性和无性繁殖，配子的相遇，生殖环境和生殖方式。 • 脊椎动物和开花植物中的配子和基因遗传。	
涉及对生物与进化之间亲属关系的研究。 • 共享特征和分类。 • 大量生物，包括智人及其亲族和进化。	
阐释个体的多样性和遗传稳定性基于什么。 阐释表型如何由基因型和环境活动决定。 作为动态过程，将遗传多样性和生物多样性联系起来。 • 不同组织层面上现实世界的多样性和动态；种间关系的多样性。 • 人口内部的遗传多样性；遗传力，群体稳定性。 • DNA、突变、混杂、基因、减数分裂和受精。	

（续表）

相关知识和技能	学生情况、活动和工具示例
强调有关物种进化的事实，并提出支持某些进化机制的论据。 • 物种的出现与消失（包括地球上最早出现的生物）。 • 保持能够复制、偶发和自然选择的形式。	

3. 渐进性梳理

（1）生物体的营养

我们逐渐从生物体层面的功能组织，转变为向下解释至细胞层面的机制，每年都可以讨论微生物的作用。

（2）种群动态

我们逐渐从对繁殖方式和配子相遇的方法研究，转向基因遗传、物种维持和种群动态。

（3）个体的遗传多样性

我们逐渐从对生物多样性及其相互作用的观察，转变为探究这种多样性起源的机制。

（4）生物的分类与进化

作为第三学段的延伸，贯穿整个第四学段，学生发现了新的物种和新的群体，从而在整个阶段中构建了分类的思想。进化论是描述生物多样性的普遍科学方法。一旦学生有了足够的遗传学和古生物学基础，我们就完全可以赋予这种分类以进化意义。

（三）初四内容规划：人体与健康

1. 期望获取的能力

（1）阐释涉及人体功能的一些生物学过程，直至分子水平：肌肉，神经和心血管活动，大脑活动，食物和消化，与微生物世界的关系，生殖和性行为。

（2）将有关生物学过程的知识与负责任的个体或集体健康行为所面临的挑战联系起来。

2. 知识与技能解读

表3　初四知识与技能

相关知识和技能	学生情况、活动和工具示例
通过确定生物体的能力和局限性，解释在肌肉运动过程中神经系统和心血管系统如何进行干预。 ● 心脏和呼吸节律以及体力消耗。 突出大脑在接收和整合多种信息中的作用。 ● 神经信息，神经中枢，神经，神经细胞。 将某些行为与其对神经系统功能的影响相关联。 ● 大脑活动；生活保健。 神经系统正常运作的条件，某些情况或消耗（阈值，过量，兴奋剂，训练的限制和影响）造成的干扰。	这个主题很适合： ● 在科学史中，学生在其历史和技术背景下探究疫苗和抗生素的观念发展。 ● 阐释人体机能的适应性进化。 ● 防止成瘾行为。 生物技术的应用，学生借助已获取的知识来解释疫苗的生产过程和阶段，以及医学辅助的生育技术。 通过与卫生领域的合作伙伴（医生、运动员等）协作，学生可以培养自己的技能。 选择的例子和方法使学生能够考虑身体、社会和心理健康因素，并发现公共卫生政策的关注点和逻辑。该主题特别有助于公民与道德教育。
解释消化道中食物的命运。 ● 消化系统，消化吸收；营养。 将食物的性质及其对身体的定性和定量贡献联系起来，以了解食物对身体的重要性（营养需求）。 ● 食物种类，食物需要，营养需要和饮食多样化等。	
将人体及其机能与承载的微生物世界联系起来。 ● 细菌世界的普遍性、多样性和进化性。 解释使生物能够保护自己免受病原微生物侵害的反应。	

（续表）

相关知识和技能	学生情况、活动和工具示例
● 免疫反应。 讨论预防和对抗传染或感染的相关政策的关注点。 ● 卫生措施，疫苗接种，防腐剂和抗生素的作用。	
将青春期生殖系统的功能与生殖控制原理联系起来。 ● 青春期；生殖器官，生殖细胞的产生，激素控制。 解释性领域的负责任行为：生育，怀孕，对他人的尊重，合理选择生育或避孕，预防性传播感染。	

3. 渐进性梳理

（1）肌肉、神经和心血管活动；脑活动

我们可以从观察肌肉力量变化过程中心血管功能的变化开始，逐步确定不同身体系统与肌肉功能之间存在的关系。对心脏呼吸运动或适应性的研究，可以从身体循环开始探究神经系统的功能组织，包括细胞层面。但是，细胞层面的神经机制和大脑功能只会从初四年级开始研究。在整个阶段中，都与健康教育建立了联系。

（2）食物与消化

该主题随时都可开展，但分子机制的研究仅限于初四年级。应注意确保在不同时段开展健康教育。

（3）与微生物世界的关系

在第四学段展示的示例中，我们逐渐发现了由有机体托管的微生物世界的重要性。在整个阶段中，我们还通过展示一些免疫学表现来讨论有关卫生举措、疫苗接种和抗生素的机制，这些表现在初四年级时得到了全面的解释。

（4）生殖与性行为

对生殖机理的解释是在第四学段中进行的，从器官的功能到调节现象，从生物体层面到分子层面，确保将生殖控制技术与所学知识相结合。

性传播感染和微生物世界的重要性的研究必须与有关微生物世界的课程保持一致。当学生获取了有关生殖的知识时，便被引导区分生殖与性行为，并讨论何为负责任的行为。

四、多学科教学

由于教学对象的多样性，生命与地球科学可以与许多其他学科融为一体，例如气候学、自然风险管理、历史—地理、物理—化学、体育和技术等。

生命与地球科学还可以与艺术学科和语言建立联系，例如：辨别解决科学问题的方式与国家文化之间的联系；利用文学作品来建构科学知识，甚至借助科学文化来解释作品中的某些要素。生命与地球科学课程中还经常使用数学和法语工具，如要进行信息搜索，需联系资料员。

下面将针对生命与地球科学的一个或多个主题给出一些例子，但这些例子并不详尽，可与其他几个学科共同探讨。教学团队既可自由使用，也可自主探索。这些主题下的例子不但可运用基础知识中多个领域的技能，还可以建立或（重新）调动不同学科的知识，为跨学科实践教学和课程（未来课程以及艺术和文化教育课程）提供了丰富内容。

（一）身体、健康、福祉和安全

1. 与地理、体育、化学、数学、技术、现代语言、媒体和信息教育相关

食物，食品，全球粮食资源管理（生产，运输，贮藏）；包括人类在内的食物链；污染物浓度；植物检疫产品，千年发展目标（OMG）；微生物在食品生产中的作用；农作物与食品；富裕国家的肥胖病流行；粮食安全。

2. 与体育、数学、化学、技术相关

体育与科学，食品与训练；呼吸；运动生理学和兴奋剂；运动和补偿机制；医学，体育和生物技术；医学影像。

（二）科学、技术与社会/信息、通讯、公民身份

与地理、体育、技术、法语、数学、现代语言、媒体和信息教育相关

社会健康，流行病，过往的大流行病；新兴疾病；公共卫生管理，国家和世界的挑战；预防（疫苗接种，水处理等）；保护（例如听觉）或预防（烟草消费，空气质量）运动；科学与生命遗传；与不同国家与生殖控制的关系；统计，风险和风险管理；道路安全。

（三）生态转型与可持续发展/科技与社会

1. 与物理—化学、历史—地理、数学、法语、现代语言和方言、媒体和信息教育相关

气象学和气候学；保护，预防，适应措施；管理气候灾难对人类健康的影响；气候变化辩论（从争议到共识）；预测的概念；社区预

防图和洪水风险特别计划（PPRI）的编制方式。

2. 与历史—地理、技术、物理—化学、法语、现代语言和方言、造型艺术相关

我身边的景观，景观的地质和生物学组成部分/自然和人工组成部分；人类对资源的开发（水，材料，能源，土壤和耕种的生物多样性）；景观建模；园林绿化和城市规划（修复城市的工业用地，荒地和花园等）；不同文化中与水的关系；供水技术的历史。

3. 与物理—化学、技术、现代语言、数学、媒体和信息教育相关

地球上的能源，能源流及人类对其的利用（风、浪、地震波、地热流等）；生物圈内的能量转移；不同文化中与能量的关系等。

4. 与地理、现代语言、法语相关

生物多样性，生物多样性的保护和利用；可参与的科学；本地生物多样性，全球生物多样性；不同文化中与生物多样性的关系；渔业、木材的可追溯性；气候变化的影响；全球化和入侵物种。

5. 与技术、化学、数学相关

生物技术，仿生学和技术创新；活体标本切片，人口增加；残疾；制药业；农产品加工业；作用于环境的生物技术（水，废物，燃料）。

（四）科学、技术与社会

与历史、物理—化学、数学相关

科学理论和世界观的变化，魏格纳和大陆漂移说；达尔文与进化论；复制等。

（五）艺术文化

1. 与造型艺术、地理和法语相关

艺术和景观，艺术和文学作品中过往风景的重建，景观艺术创作：土地艺术等。

2. 与造型艺术、音乐教育、物理—化学相关

感官和知觉，感觉器官和大脑的功能，知觉的相对性；五种感官的培养；光传播，颜色；视觉缺陷与艺术创作。

附录3 法国小学一年级阅读教材选用评价表

页面设计	避免在页面上添加儿童尚无法阅读的指令（例如，当任务很明显时，无须再标注"读一读下列单词""读一读下列句子'等指令）
	避免引入不必要的图标（例如，r→o→ro，箭头在这里没有帮助，且会造成混淆，如有需要可借助磁力字母进行单词的组合）
	在页面上清晰地区分开属于儿童的部分（例如，页面的左列可能会留给父母，应用较小的字体和不同颜色予以区分）
	最好不要使用粗体、斜体，对于阅读学习困难或者缺乏阅读经验的儿童来说，大号字体（至少14号），以及字母间、单词间的间距可能会更有利于他们的学习
语言解码编码	教学应始于字符—音素对应的系统教学
	字符—音素对应的学习速度应较快
	教材应从字符开始讲到音素，以最大程度降低记忆负担
	教材应遵循从易到难的系统化学习进程
	教材中每节课的单词、文本应在较高比例上由已经讲授的字符—音素关系组成
	教材应组织经常性的复习
	随着学习的深入课文越来越长
	教材应提供与阅读同步的写作练习

（续表）

法语理解力	教材应包含丰富的词汇，这些词汇应首先是口头上需要掌握的，然后尽快地掌握其书面形式
	教材应教授词汇的词法
	教材应提供清晰、结构化的理解力教学
	教材应提供涵盖各种体裁的、有吸引力的、由简到易的文本

附录4 里昂学区第三学段数学教材选用指南

	标　　准		意见	分析对象		
				学生用书	教师用书	活动手册
教学性分析						
数字版本	是否配有内容更为丰富的数字版本；是否配有数字工具、参考编程软件、动态几何软件					
教材设计	封面	对内容有无干扰				
	版面设计的清晰度	颜色、字号、页面布局				
	直接体验	纸质、插图、使用是否方便、页数等				
对教学大纲的逻辑安排	螺旋排列/按组排列					
教学大纲与学习	是否明确提出学段结束后所要达成的预期成效					
	是否清楚地介绍每节课的学习目标					
导引	对学生、教师的导引度					
练习	是否提供充足的习题数量					

（续表）

	标　　准	意见	分析对象		
			学生用书	教师用书	活动手册
课堂组织	是否提供学生分组的多种方式 是否提供分层课堂的组织方式				
口语表达	是否创造了有利于争论的课堂情境				
评估	是否提供评估材料，评估的频率、评估的类型（诊断性评估、形成性评估、总结性评估）				
教学内容分析					
六大能力	是否明确提到了六大能力，即思考、建模、描述、推理、计算、交流				
	课程编写中是否考虑了六大能力				
问题的解决	在各部分（数字和计算、数量和测量、空间和几何形状）中是否包括提出新概念、巩固学习、学习探索三种问题类型				
数字与计算	教材应强调"所有形式的计算都对数字知识的学习有所帮助"，而不仅仅是数字为计算服务				
	是否包含规则提示，如"将整数乘以10可以通过在数字末尾加'0'实现"此类的表达				
	是否提供笔算（calcul en ligne）、心算、仪器计算、竖式计算（calcul posé）四种计算方式的学习				
	是否提供专门用于笔算、心算的课程				

（续表）

标　　准		意见	分析对象		
			学生用书	教师用书	活动手册
数字与计算	是否提供涉及四则运算的相关问题，问题的结构是否清晰，如乘数结构、加法结构				
	是否涉及前两个学习阶段中已学过的分数的概念				
数量与度量	是否向学生提供多样化的任务，包括比较、估计、测量				
	是否强调面积、周长的区别；是否通过面积来介绍量的概念				
	是否涉及比较、估量、测量几何量，包括长度、面积、体积、角度				
	是否涉及物理量问题（时间）、几何问题（长度、面积、体积）、经济问题（货币）的解决				
空间与几何	定位、位移	是否涉及位移的编码与解码			
	图形与立体	是否涉及空间的新表示形式（透视图、正视图、侧视图、俯视图等）			
	几何关系	是否涉及等长、等角、等距、垂直、平行、对称、放大、缩小			
数字工具	是否提供可以利用数字工具的课程	计算软件、基础编程软件、动态几何软件、地图可视化软件			

（续表）

标　　准		意见	分析对象		
			学生 用书	教师 用书	活动 手册
数字与计算	是否按照顺序介绍简单分数、十进制分数、十进制数字				
	是否通过长度单位、面积及其他量的分割来引入分数				
量与测量	是否涉及以下内容： ●长度：圆的周长公式 ●面积：通过参考面来比较、测量；正方形、矩形的面积 ●体积：在不进行测量的情况下进行比较，然后测量器皿的体积 ●角度：使用量尺来比较、画出角度				
学生困难分析	是否提供对老师的帮助，包括鉴别学生的错误，提供分析建议				

数据来源：http://www2.ac-lyon.fr/etab/ien/rhone/lyon5-1/spip.php?article1000.

附录5 雷埃克姆斯初中教材借出归还登记表

Collège Les Eyquems-Mérignac 梅里尼亚克市雷埃克姆斯初中			
Nom: 姓 Prénom: 名 Demi-pensionnaire/Externe 含午饭走读生 / 走读生	Année scolaire: 学年 Classe: 班级		
Manuels 教材	Etat lors du prêt (septembre) 借出时状态 （9月）	Remarques (tache, déchirure, graffiti, ...) 标记 （污迹、撕裂、涂鸦）	Etat lors du retour (juin) 归还时状态 （6月）
Français 语文			
Grammaire 语法			
Orthographe 拼写			
Maths 数学			
Histoire-Géographie 历史—地理			

（续表）

Manuels 教材		Etat lors du prêt （septembre） 借出时状态 （9月）	Remarques （tache, déchirure, graffiti, ... ） 标记 （污迹、撕裂、涂鸦）	Etat lors du retour （juin） 归还时状态 （6月）
Education civique 公民教育				
Sciences physiques 物理				
SVT 生命与地球科学				
Langue Vivante 1 外语1	Anglais 英语			
	Allemand 德语			
Langue Vivante 2 外语2	Anglais 英语			
	Allemand 德语			
	Espagnol 西班牙语			
Latin 拉丁语				
Grec 希腊语				
Technologie 科技				
Autre 其他				

（续表）

N = Neuf　　N=全新 B= Bon　　 B= 良好 M= Moyen　M=一般 U= Usagé　 U=旧	Signature: 签字 :	
TOUS LES MANUELS DOIVENT ETRE COUVERTS. LE NOM ET LE PRENOM DE L'ELEVE AINSI QUE L'ANNEE SCOLAIRE DOIVENT ETRE INSCRITS A L'INTERIEUR DE LA PAGE DE COUVERTURE. MERCI 所有的教材都需要包书皮，书皮背面需写明学生姓名及学年，谢谢。		

　　注：该初中位于法国西南部新阿基坦大区（Nouvelle Aquitaine）吉伦特省（Gironde）梅里尼亚克市。

　　表格来源：https://www.collegeleseyquems.fr/spip.php?article181.

参考文献

阿兰·肖邦，汪凌.法国的教科书：编写、使用和培训［J］.全球教育展望，
　　2003，32（06）：8—12.

范玉清.介绍法国中小学的历史教学［J］.历史教学，1980（03）：58—59.

课程教材研究所赴法考察组.法国中小学教科书的编写和出版制度［J］.课程·教
　　材·教法，1992（08）：61—62.

李战胜，傅安洲.德法共编历史教科书的当代启示［J］.国家教育行政学院学报，
　　2016（11）：88—95.

刘力.如何建立规范有序的教科书选用机制——日美法等国经验及其启示［J］.教
　　育发展研究，2003（07）：61—63.

沈晓敏.世界各国教科书制度对我国的启示［J］.全球教育展望，2001（9）：
　　66—71.

唐阳平，刘传德.法国的历史教学［J］.史学史研究，1997（04）：67—75.

张丹.教学大纲本位的法国教材管理体系研究［J］.教师教育研究，2017，29
　　（05）：122—126.

BAQUÈ M-C. L'évolution des manuels d'histoire du lycée. Des années 1960 aux
　　manuels actuels［J］. Histoire de l'Éducation , 2007,114: 121—149.

BESSON F, MERLE T. Histoire+Enseignement moral et civique 1er［M］. Lyon:
　　lelivrescolaire. fr, 2019.

BESSON F, MERLE T. Histoire+Enseignement moral et civique 2nd［M］. Lyon:
　　lelivrescolaire. fr, 2019.

BLANCHARD É, MERCIER A. Histoire+Enseignement moral et civique 3ème［M］.
　　Lyon: lelivrescolaire. fr, 2016.

BLANCHARD É, MERCIER A. Histoire+Enseignement moral et civique 4ème［M］.
　　Lyon: lelivrescolaire. fr, 2016.

BLANCHARD É, MERCIER A. Histoire+Enseignement moral et civique 5ème［M］.

Lyon: lelivrescolaire. fr, 2016.

BLANCHARD É, MERCIER A. Histoire+Enseignement moral et civique 6ème [M].
Lyon: lelivrescolaire. fr, 2016.

BORNE D. Le manuel scolaire-Programme de travail 1997—1998, Thème 2 [R].
Paris: IGEN,1998:16.

CHOPPIN A. L'édition scolaire française et ses contraintes: une perspective historique
[M]// BRUILLARD E. Manuels scolaires, regards croisés. Paris: CRDP, 2005:
40—53.

CHOPPIN A. Les Manuels Scolaires: Histoire et actualité [J]. History of Education,
1993, 58: 247—249.

CHOPPIN A. Le manuel scolaire, une fausse évidence historique [J]. Histoire de
l'Éducation, 2008,117: 7—56.

CONDETTE J-F, Les deux guerres des manuels scolaires dans le Nord et le Pas-de-
Calais (1882 —1883 et 1908 —1910) [M]// CONDETTE J-F (dir.). Education,
religion, laïcité (XVIe-XXe s.). Lille: Publications de l'Institut de recherches
historiques du Septentrion, 2010.

DRECHSLER M. Manuels scolaires et albums augmentés — enjeux et perspectives
pour une pédagogie du XXIème siècle [M]. Paris/Montréal: Numeriklivres, 2011.

JANICHON D. Chronique «Histoire de l'enseignement». Le manuel de langue
française au xixe siècle: (1) l'émergence d'un genre [J]. Le français aujourd' hui ,
2006, 154: 103—108.

JELJOUL M. Principes, Méthodes et Résultats pour les Années 1999 à 2009 [R]. Paris:
Direction de l'évaluation, de la prospective et de la performance (DEPP), 2011.

KAPLAN D, POUTS-LAJUS S (dir.). Du cartable electronique aux espaces numériques
de travail: une réflexion conduite par la caisse des dépôts et consignations et la
FING [M]. Paris: La Documentation française, 2004.

LEGRIS P. L'élaboration des programmes d'histoire depuis la Libération. Contribution
à une sociologie historique du curriculum [J]. Histoire@ Politique, 2013 (3):
69—83.

LEGRIS P. L'écriture des programmes d'histoire en France (1944 —2010): sociologie
historique d'un instrument d'une politique éducative [D]. Paris 1, 2010.

LE QUINTREC G. Le manuel franco-allemand: une écriture commune de l'histoire
[J]. Histoire@Politique , 2007, 2(2) :9.

MOLLIER J-Y. Le manuel scolaire et la bibliothèque du peuple [J]. Romantisme,
1993, 80: 79—93